解讀易經的奧祕 卷二

易經的乾坤大門。

風靡中國十億人口
知名大師

曾仕強
教授◎著述

國家圖書館出版品預行編目資料

解讀易經的奧祕. 2, 易經的乾坤大門 /
曾仕強 著. 陳祈廷 編著. -- 初版. -- 臺北市：
曾仕強文化, 2014.03
面；　公分
ISBN 978-986-89499-2-8（平裝）
1.易經　2.研究考訂
121.17　　102027682

解讀易經的奧祕．卷2

易經的乾坤大門

作　　者　曾仕強
發 行 人　廖秀玲
編　　著　陳祈廷
總 編 輯　陳祈廷
行銷企劃　邱俊清
主　　編　林雅慧
編　　輯　李秉翰
出 版 者　曾仕強文化事業有限公司
地　　址　台北市中正區重慶南路一段57號8樓之14
服務專線　＋886-2-2361-1379　＋886-2-2312-0050
服務傳真　＋886-2-2375-2763
版　　次　2014年4月一刷
I S B N　978-986-89499-2-8
定　　價　新台幣400元

【作者簡介】

曾仕強 教授

英國萊斯特大學管理哲學博士、台灣交通大學教授、興國管理學院首任校長、台灣師範大學教授、人類自救協會理事長、新人類文明文教基金會榮譽董事長。

曾教授學貫古今，數十年來醉心於中華文化和西方現代管理哲學之研究，在國學、企管、哲學、教育等諸多領域上，皆有極高深的造詣。三十年前，世界五百強企業尚無中國企業能躋身其間，曾教授便已洞察趨勢，率先提倡「中國式管理」學說，被譽為「中國式管理之父」。迄今，曾教授已巡迴全球，完成逾五千場以上之演講，為臺灣生產力中心調查「最受企業界歡迎的十大講師」之一。

近年來，曾教授應大陸中央電視台邀請，至「百家講壇」欄目，主講「經營之神胡雪巖的啟示」、「易經與人生」等主題，收視率勇奪全國之冠；二〇〇九年主講「易經的奧祕」系列；二〇一一～二〇一二年主講「易經的智慧」、「點評三國演義」；二〇一二年主講「道德經的奧祕」、「道德經的玄妙」，內容風靡全中國，不僅掀起一股國學復興浪潮，更被評選為第一名的國學大師。

曾教授著作有：《易經真的很容易》、《易經的乾坤大門》、《人人都不了了之》、《易經的中道思維》、《中國式管理》、《總裁魅力學》、《樂天知命的無憂人生》、《修己安人的領導魅力》、《為官之道》、《道德經的奧祕》……等數十本，其中《易經的奧祕》一書銷售量已突破五百萬冊，高居台灣與大陸各大書店文史哲類暢銷排行榜總冠軍。

前言——代序

根據統計資料顯示，生物性的致病因素，包括各種病原微生物及遺傳關係，只占人類生病成因的三分之一；而非生物性的因素，包括自然生態、社會環境、生活方式、醫療保健、文化觀念等等，則是威脅人類健康的主要原凶。

現代人的生活，顯得既忙碌又緊張。現代文明，則產生了很多令人擔憂的後遺症。很多人自覺壓力愈來愈大，卻又無法有效加以排解；明知憂慮會傷害身心，卻又經常懷疑自己得了憂鬱症。依據我們的觀察和分析，大部分的原因，其實是來自於不明易理的緣故。

不明易理的人，最顯著的特色，便是「是非分明」，堅持在「對」與「錯」之間，做出一個明確的選擇。同時又認為「既然知道是對的，就必須堅持，否則便是濫好人」。這種經常「二選一」的結果，讓自己逐漸發展成一個缺乏彈性的「半腦人」。

我們生來就有左腦和右腦，左腦掌管語言、計算和理論，右腦著重空間、形狀和音樂等認知等功能。「半腦人」特別注重左腦，強調理性，在二十世紀儼然成為社會的精英。這群人自視甚高，也掌握了很大的權力，卻在不知不覺中，將社會弄得混亂不堪，使問題層出不窮，但卻依然振振有詞，把責任推給變化太快、大家缺乏共識、不能同心協力……無論如何，就是堅持不肯認錯。

一個明白易理的人，就會知道自己的認知能力很有限、選擇能力很薄弱，而且判斷能力也很缺乏。我們當然不該是非不分，但卻實在沒有能力保證能夠「是非分明」。充其量，我們只能做到「慎斷是非」，並時時提醒自己「是非難明」，而不敢自以為是。《易經》的整體思維，使我們明白「牽一髮而動全身」的道理，知道「競爭不一定是生存的唯一出路」，而且一旦時過境遷，「對的會變成錯的，錯的也可能變成對的」，因此大家不如「保留一些情面，日後好相見」。

對於大部分的事情，都要能夠做到兼顧並重，設想得比較周全，以期大幅度降低後遺症，使自己成為難得的「全腦人」。社會要正常、群眾要安寧，只有寄望世間「全腦人」愈來愈多，促使「半腦人」早日覺悟、迷途知返，才有實現的可能。因此，研習《易經》，不但能讓我們左、右腦並用，減輕壓力，對身體健康大有助益，也會對社會人群帶來很多好處。

想要使自己成為一位「全腦人」，明白易理，是不可或缺的養成過程。而要明白易理，建議不妨先從打開《易經》的「乾」、「坤」這扇大門開始，逐步進入易學的府第，好好觀察、思慮、領悟，應該是十分方便而有效的途徑。

站在宇宙的立場，乾坤代表天地。開天闢地之後，萬物才有生長的空間。站在家庭的立場，乾坤代表父母，男女結婚成為夫婦，如果沒有生兒育女，就不夠資格為人父母。可見父母生育子女，是家庭生生不息的基本要素。

父母和夫婦，可說是同一組人、不同的角色扮演，問題是：什麼時候該扮演父母？什麼時候該扮演夫婦？相信很多人根本弄不清楚。因此產生了許多困惑，也製造出很多麻煩。答案其實很簡單，那就是：只有在臥房裡面，門關起來之後，兩個人才是夫婦。而在臥房以外的場合，就只能夠扮演子女的父母，或是父母的子女，而不是以夫婦角色自居。以此做為標準，恐怕現代人很少能夠通過檢核。究竟應該如何是好？實在值得深入探究，以期走出一條康莊大道。

在《易經》的觀念中，宇宙是一個大家庭。乾坤兩卦象徵父母，震巽（ㄒㄩㄣˋ）坎離艮（ㄍㄣˋ）兌（ㄉㄨㄟˋ）則代表三子三女。乾為純陽，坤為純陰，但是乾剛健而坤柔順，顯然男女有所不同。家庭中的基本成員是父母子女，但實際上最重要的角色卻是夫婦。

《中庸》說：「君子之道，造端乎夫婦。」沒有夫婦，就不會有父子，不會有兄弟，不會有君臣，不會有朋友。在君臣、父子、夫婦、兄弟、朋友這五倫之中，就屬夫婦最為重要。而現代社會的種種亂象，幾乎都是出於夫婦這一倫的不正，才會衍生出其他種種問題。對此，大家雖然心知肚明，卻又不敢直言——就是因為不敢直言，才更突顯出問題的嚴重性，已經到了不容忽視的程度。

夫婦間不能和睦、無法一心，教養出來的子女，身心就難以健全。兄弟不和，影響到交友不慎，日後連君臣、父子關係都會連帶出現危機。而根本因素，就在於夫婦之道已經年久失修。邪道盛行，中道似乎隱而不現。

現代人由於種種原因，三代同堂的情況大幅減少，不可能講求夫唱婦隨，或是主張女子無才便是德。只要三代不能同堂，小家庭就不得不婦唱夫隨，似乎男卑女尊，才顯得平等相待，這種現象幾乎到處可見，而且大家都噤若寒蟬，不敢有所意見，以免淪為舊思想的代言人，或被譏為不現代化或反現代化。

唯一的補救之道，就是重視家庭教育，以正常的夫婦之道來啟發子女，並加強學校教育，使孩子從小就能認清「男女平權，卻不同性質」的道理。教科書和課程大部分相同，但也應該針對男女，適當地增加一些各別的內容。

愛情專一，是夫婦之道的良好基礎。《易經》分成上經、下經兩部分，上經由乾坤開始，終於坎離；下經則由咸恆開始，而終於既濟、未濟。可見上經著重天道自然，下經則直接反應在人事上面。婚前的「咸」，必須是無心之感，純真堅厚，以互相感動；婚後的「恆」，則是愛情求固，歷久而彌堅。相對於乾坤的交感，實有異曲同工之妙。要不然，為什麼我們常說「天造地設」、「天長地久」呢？

現代教育，經常是把原本很靈光、有靈氣、十分靈活，而又具有靈力的「全腦人」，透過制度化的運作、不合適的教材、形式化的考試，教導成了「半腦人」。將「退步」看成「進步」，視「不負責任」為「負責」，以「不可能」為「可能」。屢次的教育改革，方向根本有欠正確，徒有熱心而無成效，甚至推波助瀾，使正常的夫婦之道愈來愈不正常。如此種種，非從端正觀念著手，加以根本改善不可。

大家都明白乾卦的四德為「元、亨、利、貞」，而咸卦的卦辭：「利貞，取女吉。」兩卦都有「貞」的字樣，只是學者解釋來，解釋去，怎麼說都可以，就是不敢提起「貞操」兩字，這是什麼道理？「取女」的意思，便是男人把女人娶回家。「吉」表示「得」的樣子，有吉祥的形象。「取女吉」，意思是「男人把女人娶回家很吉祥」——到底是不是真的？那就要看男女雙方是不是貞操堅定。

中華民族自古重視貞操，為其他民族所不及，成為幸福婚姻的最有力支柱，家庭和樂的最堅強保障。只要貞操觀念不被曲解為「女性重貞操，男性不必」，而是恢復易理平權對待的精神，要求「男女雙方，各守貞操」，如此一來，又有什麼不好呢？

現代社會往往將「退步」看成「進步」，貞操觀念不彰，就是明顯的證據之一。合理的堅守貞操，才是男女雙方負責任的態度。現代人受西方人影響，常把「我愛你」掛在嘴邊，明明是空口說白話，偏偏還是有很多人盲目相信。原本是不可信的話語，在現代卻成為可能的騙局。經常可見「半腦人」在公開場合，採取近乎瘋狂的方式，對著心儀對象大喊「嫁給我吧！」而此舉居然博得深深感動，讓女性熱淚盈眶。事實上，男人的表態，不過是向社會大眾說明他是一個不要臉的人，但各媒體竟然爭相報導，傳為美談。演藝圈也常見女星尚未成婚，卻已經大腹便便，還透過鏡頭，穿著露肚裝，侃侃而談自己的感情觀和價值觀——教師難為，實在莫此為甚！

《易經》的道理沒有錯，只是我們長久以來，由於種種有意或無心的錯誤解釋，才會引起很多爭論。天尊地卑，原本只是陳述位置的高低，人們卻一定要加上貴賤的評價。地如果是賤的，為什麼地價愈漲愈高？天如果是貴的，為什麼人們常怪「老天沒眼」？即使有一些人，硬是要把易理加以曲解，我們也應該正本清源，恢復易理的真正用意。就算實在弄不明白，採用現代化觀點，給予合理的解說，也未嘗不是可行的良策。

我們在探討「易經真的很容易」之後，就要正式走進「易經的乾坤大門」，先在門外望一望，看清楚它長成什麼樣子。再走進去，才不虛此行。還請各界先進朋友，惠加指教，至為感幸。

曾仕強 謹識於台灣師範大學

編者序

〈繫辭・上傳〉說：「乾知大始，坤作成物。」意思是乾卦主導著萬物的創始，而坤卦則負責孕育生成萬物。若是只有天而沒有地，萬物便無法生成；若是只有地而沒有天，萬物便無從創造。所以必須天地合作，萬物才有創生的可能。乾坤之道啟示著我們：天地形體雖有不同，但是為萬物服務、謀求幸福的精神是一致的。而夫婦之道也是如此，雖然男女形體不同，但為家庭同心協力、分工合作的精神必須一致。

另外，〈序卦傳〉也清楚指出：「有天地，然後有萬物；有萬物，然後有男女；有男女，然後有夫婦；有夫婦，然後有父子；有父子，然後有君臣；有君臣，然後有上下；有上下，然後禮儀有所錯。」由天地說到夫婦，進而談及五倫，可見乾坤兩卦，既是天地，也是父母、夫婦。天地、人以及萬物之間，本應是井然有序的倫理關係，唯有各司其職、各盡其分、有條不紊，才是合乎自然的倫常之道。

《易經》是影響東方文化極其深遠的一部經典，「觀乎天文以察時變，觀乎人文以化成天下」，人文傳統本應是天經地義的事情，然而現今卻因為複雜的社會環境，導致我們陷入角色混淆錯亂、人心惶惶不安的困境。

本書中，曾教授藉由「乾、坤」兩卦，剖析「天行健，君子以自強不息」；「地勢坤，君子以厚德載物」的道理，使我們能夠明白：乾坤兩卦，是走入《易經》的大門。當乾坤兩扇大門並列時，《易經》的六十四卦變化，也都確立在其中了。這裡頭所蘊含的哲理，正是延續人類生命及文化的主要力量。唯有走入乾坤，讓易理逐一顯現，才能找到你我安身立命的處世良方。

曾仕強文化總編輯　**陳祈廷**

目錄

《第一章》

乾坤
為何是易的大門？

乾坤是不是易學的大門？
最好的答案應該是「很難講」。

有人懷疑，也有人贊成，
這些都是「半腦人」的「一分為二」。

姑且把乾坤當做易學的大門，
便是「全腦人」「二合為一」的修養。

人有眼睛，抬頭看見天，低頭看見地，
沒有天地，哪裡有人類存在的空間？

為了不忘根本，誠心誠意謝天謝地，
把乾坤當做出入的大門，有何不妥？

一．瞭解宇宙必須以簡馭繁

我們只要睜開眼睛，就會看見一些東西，耳朵裡經常聽到一些聲音，而腦海裡也會不斷出現一些思緒。可見宇宙不是空無，我們自己也不是空無。總有一些實實在在的事物，不容我們否認，也無法完全逃避。

剛開始的時候，我們看得不多，以為世界上只是有限的一些東西。後來發現愈來愈多，好像多到看不完。於是我們想起一個問題：這些林林總總的東西，究竟是從哪裡來的？是同一個來源？還是各有不同？要解決這些問題，最好的辦法，便是以簡馭繁。從我們的實際經驗當中，選取一種熟悉的事物，做為瞭解整個宇宙的鑰匙。

伏羲氏畫八卦，便是以大家最為熟悉的「家庭」，拿來當作揭開宇宙奧祕的那一把鑰匙。子女的誕生，是家庭中的大事。由夫婦交感而生育，產生「孳生」和「繁衍」的現象，傳宗接代而生生不已。先天八卦，用來表示家庭成員，那就是父（☰）、母（☷）、長子（☳）、次子（☵）、少子（☶）、長女（☴）、次女（☲）、少女（☱）。家長就是父母，各有不同的任務，各自扮演不一樣的角色，善盡各自的責任。

家人和諧，才能「家和萬事興」。依此推及宇宙，乾（☰）、坤（☷）是天地的象徵，由於陰陽交感而生萬物。艮(ㄍㄣˋ)（☶）為山、兌(ㄉㄨㄟˋ)（☱）為澤、震（☳）為雷、巽(ㄒㄩㄣˋ)（☴）為風、坎（☵）為水，而離（☲）為火，也是宇宙家庭的主要成員，相互交感，兩兩相重而成六十四卦，表示宇宙萬物的生生不息，人事和自然相對照，果然道理完全相同。

人類善於運用觀察法，
從實際經驗當中，
選取一種熟悉的事實，
做為瞭解整個宇宙的鑰匙。

→ **家庭**

- 父（☰）
- 母（☷）
- 長子（☳）
- 次子（☵）
- 少子（☶）
- 長女（☴）
- 次女（☲）
- 少女（☱）

擴大為宇宙家庭

- 乾（☰）為天
- 坤（☷）為地
- 震（☳）為雷
- 坎（☵）為水
- 艮ㄍㄣˋ（☶）為山
- 巽ㄒㄩㄣˋ（☴）為風
- 離（☲）為火
- 兌ㄉㄨㄟˋ（☱）為澤

→ **都是陰陽交感的結果**

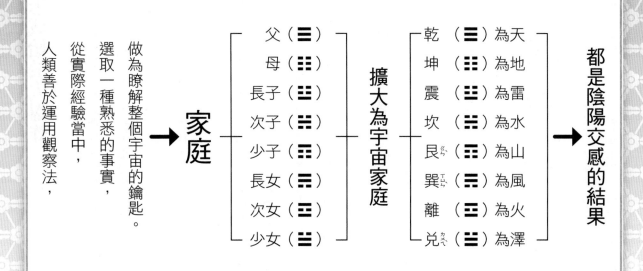

二、宇宙的形成始於大爆炸

中華民族是全世界家庭觀念最為濃厚的族群，由家庭推及世界，應該是順理成章的事情。我們相信伏羲、文王、孔子都是集大成的代表人物。很多概念和事實的陳述，都是經過不斷嘗試、考驗和修正。先初步定下來，再經過長時間的印證，去蕪存菁，才流傳迄今。個人的創作，風險性實在很高。集合大家的智慧，應該更為可靠。

現代科學家之中，有學者提出「巨爆說」（Big Bang Theory）作為宇宙創生的理論。經由比利時天文物理學家萊麥特（Abbé Georges Édouard Lemaitre）的說明，可得知我們這個廣大的宇宙，原本是聚集在一處，是一種原始物質的超原子，溫度極高，很可能達到攝氏一百億度。後來，這個龐大的超原子爆炸了，物質裂開，四散飛奔，產生各種化學分子、星球和銀河系，成為現在我們所看到的宇宙。而現代人距離大爆炸，已經過七十億年了。

我們虛擬一下：伏羲氏當年，知道宇宙產生之前，所有原子壓縮在一起，擠成漿狀。不是以原子狀態存在，而是分裂成中子和電子，混雜在一起。那時候並沒有物質，只是一大團能量，把它稱為「太極」。由於擠壓力量很大，溫度上升，於是發生巨大的爆炸，形成我們所說的宇宙。

當時沒有文字，更沒有科學名稱，所以伏羲氏「一畫開天」，用「⚊」這個符號，來表示其中的一股能量，後來又以「⚋」的符號，來代表另外一股能量。太極是未爆以前的狀態，而兩儀、四象、八卦乃至以後造成的六十四卦，都在表示巨爆之後，出現萬事萬物的情況，看起來也相當符合現代科學的解說。

宇宙的生成來自大爆炸

爆炸前

- 廣大的宇宙聚集在一處，合而不分。
- 形成一種原始物質的超原子，相當於「無極」。
- 溫度極高，達到攝氏一百億度。內部正、反壓力逐漸形成，有如「太極」。

爆炸後

- 一陣轟然，異地同時一起發生。
- 大爆炸使物質裂開，產生的星塵飛奔散落，形成宇宙萬物。
- 有如兩儀、四象、八卦、六十四卦，同時產生。

三・創造和演化同時在進行

希伯來人在《舊約．創世紀》中，指出天地萬物是神造的。第一天造出光明，第二天造出空氣，第三天造出陸地，第四天造出日月星辰，第五天造出生物，第六天造男造女，並且賜予食物，令其能夠生育後代。中國古代，也有盤古開天闢地的傳說，認為盤古是天地萬物的始祖。這種創造論，是科學未發展之前，相當流行的一種宇宙人類起源的說法。

達爾文的進化論，則是指出宇宙人類並非神造的。萬物的變化，是前進的、發展的，具有推陳出新的作用，不限於循環往復。事物最初是凝聚的，後來逐漸演化，由簡而繁，由粗而精。變得很有秩序，而且一次比一次進步。

上述兩種論說，長期爭論不休。有人堅信創造論，有人則堅持進化論。其實，這些都是「半腦人」思維所引起的紛爭。易學認為：天地萬物是「道」創造出來的。「乾」是陽性物的象徵，「坤」為陰性物的象徵。陰陽互相交合，便可以生成萬物。天（乾）地（坤）是易學的大門，被「道」創造出來後，萬物便逐漸演化開來。「全腦人」知道創造和演化是並存的，必須兼顧並重，才能涵蓋。

我們把七十億年前的巨大爆炸，稱為「大霹靂」。那一剎那所造成的星塵，全都是能量，轉化成為萬物，屬於「創造」的時刻。在萬物被創造出來之後，又持續不斷地「演化」。既有漸變，也可能產生突變。如此一來，就和易學的主張一致，既有「創造」又有「演化」，也就用不著再爭辯了。

合大於分，能夠避免落入「二選一」陷阱中的「全腦人」，比較容易發揮整體思維，且具有兼顧並重的能力。

既創造亦演化

創造論		演化論
神創造萬物： 第一天造光明， 第二天造空氣， 第三天造陸地， 第四天造日月星辰， 第五天造生物， 第六天造男造女。	道生一， 一生二， 二生三， 三生萬物。 先創造， 後演化， 兼顧並重。	事物最初是凝聚的， 後來逐漸演化， 由簡而繁， 由粗而精， 變得很有秩序， 一次比一次進步。 並不是神創造的。

四、用撲克牌理論解說易理

我們依據易理，提出一種「撲克牌理論」，供讀者做為參考。

世界上既然有陰就有陽，有宇宙便有反宇宙，有物質也就有反物質。大霹靂之前，宇宙呈現反宇宙狀態，絕對光明，絕對平衡，絕對融合，相當於「無極」（沒有極大和極小的分別）。這種絕對狀態，由於內部陰陽兩種屬性不同的能量，彼此擠壓，產生極高的溫度，呈現「太極」（有極大和極小的能量在互相擠壓）的狀態。

於是，在一陣轟然中，大霹靂發生了。創造萬物，有如兩儀、四象、八卦、十六卦、三十二卦、六十四卦同時產生。接下來各有不同的解說，表示進入演化時期。把易理說明得多采多姿，顯得美不勝收。科學愈進步，愈能證明易理的可貴。只是到目前為止，科學尚不足以完全闡明易理，仍有待我們繼續努力。

「無極」有如一付完整的撲克牌，由於完全對稱而平衡，反而喪失動態的作用。潛在的那一股波動起伏的能量，恰似一位勇猛有力的人，將撲克牌向高空用力擲出，造成大霹靂。爆炸開來的破碎星塵，就好像那些散落開來的撲克牌，持續地隨風飄落，代表被創造出來的萬物，各自不斷地演化。很久很久之後，有一位有心人，耐心地彎下腰來，細心地把散落的撲克牌，用心分門別類，按照次序各歸其位。然後把整付撲克牌再度裝入紙盒內，安放在桌上。某日，很可能又來了另一位勇猛有力的人，再一次將整付撲克牌用力向高空中拋擲出去，造成了另一次的大霹靂。如此循環往復，卻每一次都不一樣——這就是易理對宇宙人生所持的觀點。

易理的「撲克牌理論」

一付完整的撲克牌	經過猛漢用力擲出	撲克牌四散飄落
由於完全對稱而平衡，反而喪失動態的作用。相當於「無極」的狀態，也是大霹靂之前，原始物質的超原子，混沌未開的模樣。	出現一位勇猛有力的人，將撲克牌向高空用力擲出。恰似宇宙未爆炸前的高溫，兩種能量互相擠壓。呈現「太極」狀態，忽然發生大霹靂。	那些散落開來的撲克牌，有如爆炸所生成的星塵般，持續飄落各方，恰似創造出萬事萬物。各自不同地演化，直到有心人士再次收拾成套。

周而復始，循環往復，卻每次都不一樣。

五・眾人皆知天地的重要性

許多民族對於宇宙如何產生的問題，都有相當近似的傳說，大多認為天地原先是不分的，四面漆黑。天地所生的兒子，覺得非常不方便，於是就開天闢地，使天地分開，光明出現，萬物這才得以繁殖生長。和盤古開天闢地的傳說，相去不遠。

我們開車的時候，若是遇到天氣惡劣，霧濃到伸手不見五指時，是不是就有如身處混沌狀態，因為分不出天地，而提心吊膽，不敢胡亂駕駛，以免發生車禍呢？此時我們最期待的，應該是能見度提高，使我們知道路究竟在哪裡，以便能夠安全地駕駛。

當我們稍微看得出路在哪裡時，請問是先看到地，還是先看到天？當然，我們不必也不會懷疑，天一定是在我們的頭頂上方。所以我們發現，我們是先看到地，才知道天就在相反的一方。雖然說天地同樣重要，但是此時此刻，地上的道路，顯然比天上的雲霧、雨水來得重要。人有主見、偏見、成見，原本是無可奈何的局限性，只要承認就好，不必狂妄自大，非堅持自己是客觀和公正的。

天地的存在和對人類的重要性，不但不證自明，而且眾人皆知。我們現在所居住的地球，不過是太陽系中的一個小單位。而太陽系包括八大行星在內，又只是銀河系中的一小部份。二十世紀以後，我們才發現龐大無比的銀河，也不過是宇宙無數星系中的一個。但是，人類居住在地球上，所賴以生存的，畢竟還是這一片小小的天地。對我們而言，先把這一片小天地弄清楚，知道它的特性，尋找出合理因應的方式，以求能夠安身立命，總歸是當務之急。

天地的重要性

太空中的銀河集團，
達數十億顆之多。
每一個銀河系統，
又有好多行星，
雖然我們所居住的地球，
不過是太陽系中的一個小單位，
然而這一小片天地，
仍被我們認為是生活中
最重要的因素。

眾人皆知的事實

六．當做易學大門用心探窺

〈繫辭・下傳〉記載，孔子說：「乾」、「坤」兩卦，大概是「易」的大門吧！他既不肯定，也不否定，只是興起一種感慨。因為見仁見智，可以互相包容，以免引起不必要的爭議。孔子當然是高明的「全腦人」，深明「無可無不可」的大道理。幾千年下來，歷經危難，都巍然屹立。

「乾」（☰）是純陽，三爻皆陽；「坤」（☷）是純陰，三爻皆陰。八卦中的其餘六卦，實際上都是乾坤兩卦的爻，彼此互相交易所產生的結果。我們說乾坤是父母，其餘六卦都是子女，並不過分。把乾坤當做大門，打開來一看，裡面的六卦，都看得很清楚，不也是一樣的道理！

重卦之後，「乾」（䷀）和「坤」（䷁）交易的機率更大，產生更多的變化，算一算，竟然高達六十二種。

䷀的上爻跑到䷁的上位，成為大家聽起來就覺得恐怖的「剝」（䷖）卦。看到除了覆蓋的部分碩果僅存之外，其餘部分，通通被掏空的淒涼景象，不害怕才怪！若是換成䷁的上爻跑到䷀的上位，情況就不一樣了，變成眾多君子除惡務盡，一定要去除小人的「夬」（䷪）卦。

乾卦的初、二、三爻，取代坤卦下卦的位置，成為皆大歡喜、為民造福、三羊開泰的「泰」（䷊）卦；而坤卦的下卦取代乾卦的初、二、三爻，卻是變成閉塞隔絕、時運不通，必須力爭上游的「否」（䷋）卦。凡此種種，都不外乎乾坤兩卦陰陽交感的變化，看來乾坤大門，值得大家一起來進入，一窺究竟，並且深一層探討其中的奧妙。

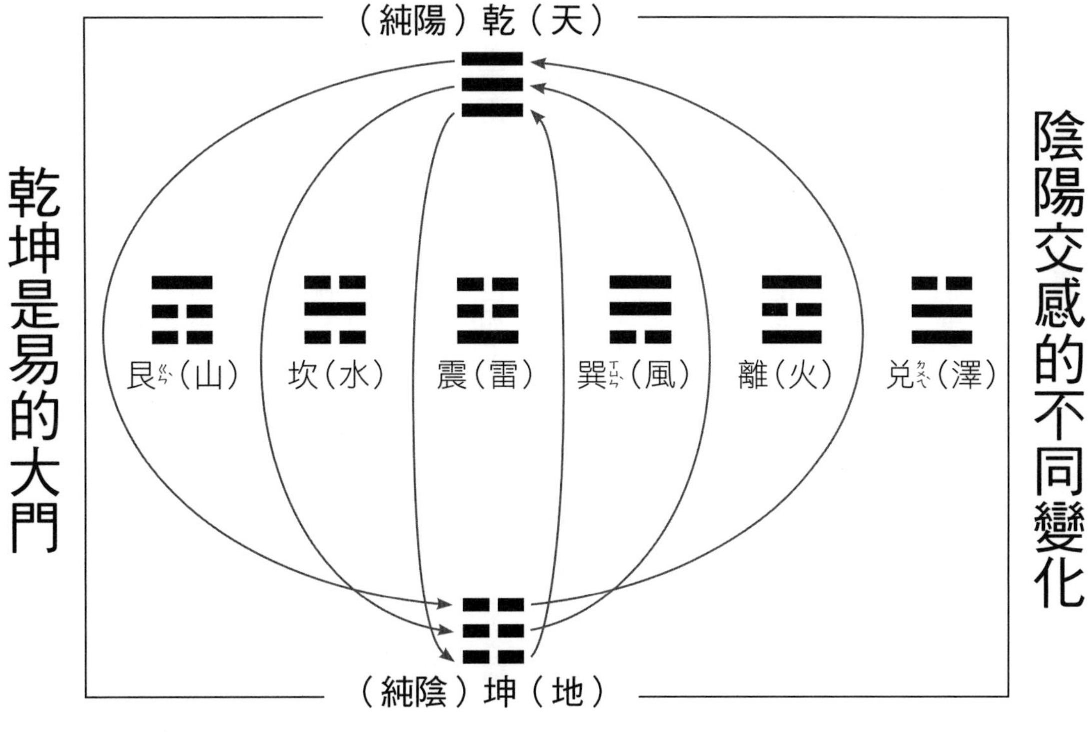
乾坤是易的大門
陰陽交感的不同變化
（純陽）乾（天）
艮ㄍㄣˋ（山）
坎（水）
震（雷）
巽ㄒㄩㄣˋ（風）
離（火）
兌ㄉㄨㄟˋ（澤）
（純陰）坤（地）

我們的建議

1 研究易理的第一個好處，便是能夠瞭解——簡單的事物，必須複雜化，以免「陰溝裡翻船」，造成「大意失荊州」的遺憾；而複雜的事物，則應該簡單化，免得一頭鑽進去，結果愈理愈亂，根本找不到頭緒而自尋煩惱。

2 我們把伏羲氏所畫的八個單卦，稱為「先天八卦」，也就是：天（乾）、地（坤）、水（坎）、火（離）、雷（震）、風（巽）、山（艮）、澤（兌），分布在天地間的不同方位。

3 至於文王重卦成為六十四卦，我們稱之為「後天八卦」，意思是在原有的先天八卦之下，兩兩重疊，再各自加上一個單卦。這樣一來，變化就大了，不完全是自然現象，還要加上後天的人事關係，十分複雜，也非常有趣。

4 先天八卦或後天八卦，都是以天（乾）地（坤）為門戶，通過純陽卦和純陰卦的卦爻交易，構成八卦或六十四卦，非常值得我們一窺究竟，以便能進一步明白易理。

5 乾（䷀）坤（䷁）六爻全部易位，不過是坤變乾、乾變坤，還是兩個純卦，並沒有多大意義。倒是局部的交易，變化多端且意義深遠。可見重新洗牌不如局部調整，除非不得已時，不要亂掀桌子。

6 乾坤是不是易的大門，其實並不重要。重要的是：乾坤各有哪些特性，值得我們注意及學習？我們不必在「是」或「不是」的問題上枉費心力，還是趕快動腦筋想一想乾坤的特性為要。

《第二章》

乾卦
具有哪六大特性？

乾卦六爻都是陽性，純粹不雜，
代表萬物始生的元氣，至大至剛。

萬物生命，都稱為生機，
來自於乾陽的的靈光而運行不息。

天空不空，因為到處都是能量，
由於虛無藏靈，所以无為而治。

天是萬有的根本，也是萬物的根源，
除坤卦之外，其餘各卦都有陽爻的作用。

乾具備元亨利貞四德，
配合人的仁禮義智四種德行。

宇宙間充滿看不見的能量波，
所以用「龍」來象徵「波」的運轉自如。

一、乾為至大至剛純粹不雜

六十四卦，各有一個卦名，既容易辨識，又促使我們從「正名」中，尋求名實相符的內涵。六十四卦的第一卦，名為「乾」，接著出現稱為「彖辭」的四個字「元、亨、利、貞」，用以整體論斷「乾」的卦德。孔子著〈彖傳〉，解釋「乾」的含義，並且把「元、亨、利、貞」當做四種德行加以說明。

孔子以「大哉乾元！萬物資始，乃統天。」來解釋「元」。「乾元」是我們常說的先天之氣，堅不可破，久不能滅，萬物都取用於它的功能，才得以創始。統率以天為形象的的大自然，其實就是乾的先天之氣，至大至剛。

一切生物，都需要空氣。無論從哪一個角度來看，「氣」都十分重要。有氣才有質，有質才有形。易學講氣，卦氣自下生，所以爻位的次序，是由下向上的「逆數」。陽氣向上，陰氣向下，是自然的氣性。萬事萬物的形成，可以說都是陰氣和陽氣互動變化的結果。我們只說「陰陽」不說「陽陰」，便是看重兩氣交易的變化，往來升降。陰向下而陽向上，所以說「陰陽」。

《易經》六十四卦，除「乾」、「坤」兩卦之外，其餘六十二卦，都是有陰有陽，交互演變。我們從陰陽的氣動，可以想像出這一卦的運行狀態，看出生機、危機和轉機。

乾卦〈文言〉曰：「大哉乾乎！剛健中正，純粹精也。」這裡的「純」，就是不雜的意思，「乾」的元氣，具有純粹而不雜的德性。顯得剛健而持中守正，六爻都是陽氣，實在是擺脫了形質的糾纏，在精神上獲得至大至剛的昇華。陽剛之氣，無所不包，無所不容，無所不在，更是無所不能。

乾

乾上

乾下

乾元象徵先天之氣：

堅不可破，久不能滅，至大至剛。

六爻都是陽氣：

純粹不雜，持中守正，龍行天下。

表現精神的提升：

擺脫物質的糾纏，獲得至大至剛的昇華。

掌握生機、危機和轉機的變化。

統率以天為形象的大自然，

二、乾是生機充實運行不息

〈繫辭・下傳〉說伏羲氏：「仰則觀象於天，俯則觀法於地，觀鳥獸之文，與地之宜，近取諸身，遠取諸物，始是於作八卦」。觀察日月星辰等天象，以及高下升降的地形，飛禽走獸身上的紋理，山川水土的地利，然後從自己身上，以及各種事物當中，抽離出兩個最為基本的符號（⚊和⚋）。並且直接指出：「乾，陽物也；坤，陰物也」。從某一種角度來說，「乾」代表陽性（雄、男、顯），而坤代表陰性（雌、女、隱）。由男女交合，看出乾陽（⚊）入於坤陰（⚋）所產生的生命，體會出生機充實的意義。生機表示萬物的生命，藉由陰陽交合而獲得充實，所以說：「天地絪縕，萬物化醇；男女構精，萬物化生」。天地陰陽二氣，透過交感融合，使萬物得到良好的化育。男女兩性交合，使後代得以有形有體地生息無窮。

孔子在〈繫辭・上傳〉中特別提到「易有太極」，代表陰陽二氣的矛盾統一體。後人想畫「太極圖」，卻實在畫不出來，不得已畫出「陰陽兩儀圖」。其中不用直線對半均分，而是用弧線表示出二氣的矛盾、交互和動態。更畫出「陽中有陰、陰中有陽」，顯現「陽極成陰、陰極成陽」的運行不息。在宇宙氣、形、質、能未分，一片混沌之中，就已經蘊含著生機充實、運行不息的元氣。「元」有始的意思，萬物都有元有始，所以個個都是太極。

〈繫辭〉有時是說「天地定位」，有時是說「天地設位」，便是告訴我們：變易時「設位」，而不易時「定位」——變動時大家忙著搶位子，一旦定下來後，就必須謹守本分，各自安居定位了。

男女交合的象

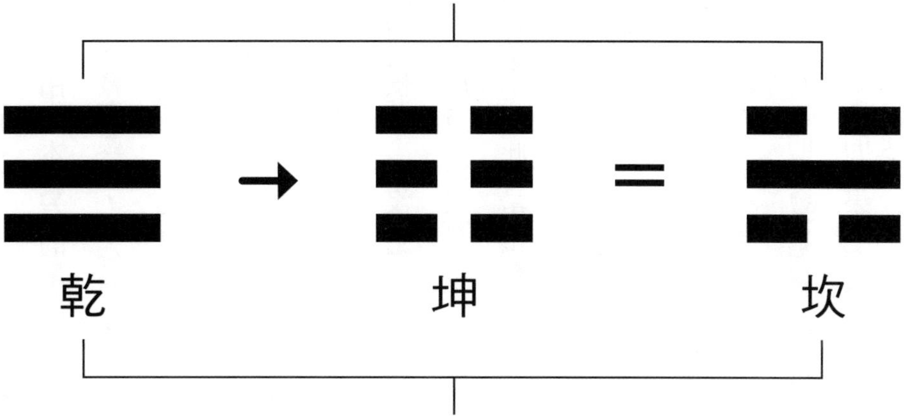

乾陽（⚊）入於坤陰（⚋）
成為坎（☵）水，有了生機。
水有液態、氣態、固態的變化，
運行不息造成循環往復。

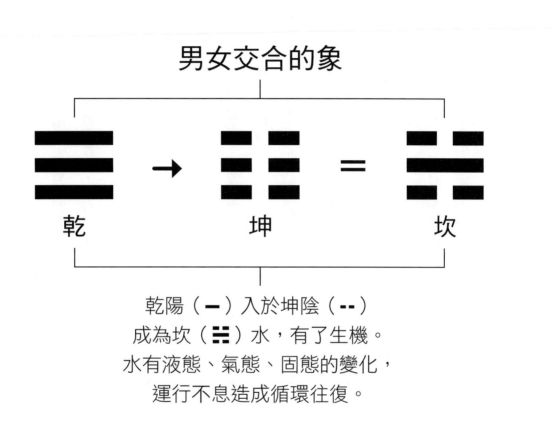

三、乾能虛無藏靈無為而治

天空、天空，表示天是空的。天空中有飛機，有飛禽，但這些都是從地面飛上去的，並不是天空中原本就有的東西。「乾」代表「能」，有「性」卻無「形」，看似虛無，卻藏有靈氣，十分靈光，也很靈活。萬物尚未成形之前，就具有這一點先天之氣，是大家所熟悉的事實，所以乾卦〈彖傳〉說：「雲行雨施，品物流行」，說明雲氣流行，雨水充沛，充滿造化的生機，產生各種有形的物質。我們先前曾說乾陽生機充實，現在又說它虛無，其實正是因為虛無，才方便充實。我們從乾卦六爻皆陽的卦象來看，每一爻都剛健充實。然而，從乾卦的性能來看，卻是萬物的根源。還沒有實在的形體，所以顯得相當虛無。

伏羲氏畫八卦，由於當時還沒有文字，所以只有象而沒有文。文王時已經有了文字，可以解說卦象，因此有象也有文，稱為《易經》。孔子一方面做〈易傳〉以闡釋《易經》的道理，一方面也建立儒家的思想系統。從文王所描述的「乾道變化」中，提出「各正性命」的主張。由天的無言，體會出「無為」的治道。天不言語，提供人人各自言語的機會；天無作為，提供人人都能夠有所作為的舞台。同理，居上位的人無為，居下位的人才能充分有為。若是居上位的人講求有為，居下位的人，有為的機會被剝奪掉，也就只好無所為了。

無為卻能夠激發大有為的效果，主要在於虛無中藏有豐厚的靈氣、靈性和靈力。天不能規範或改變我們的軀體，卻能夠提升我們的精神。居上位的人，不必管居下位者的身體，卻可以激發大家的潛能，那就是各正性命的表現。

伏羲氏畫卦 ☰

有象無文

→

周文王重卦作辭

䷀

乾，元亨利貞

有象也有文

→

孔子作易傳

闡揚易理

天無言也無為，
卻無所不能。

人無為而治，
才能激發眾人大有為。

四、乾是萬有根本萬物之源

「一」這個符號，可以看做「陽」，或者稱為「太極」。由於「孤陽不生，孤陰不長」，所以天和地是分不開的。

我們買一塊土地的時候，是連帶著把這一塊土地絕大部分的空中使用權也購買下來，不允許其他人在我們所擁有的土地上空，又架空蓋起了更高位置的建築物，或者剝奪掉我們的制空權，甚或犧牲了我們的日曬權。

我們在清明掃墓時，看見地面上立有「后土」的字樣，最好也抬頭望一望「皇天」。因為沒有皇天，哪來后土？有地才有天，有天才有地。天地互相對待，並非完全對立。彼此相輔相成，才有宏大成就。

朱子當年這段話說得好：「天地初開，只是陰陽之氣。這一個氣運行，磨來磨去，磨得急了，便拶（排擠）去許多渣滓，裡面無處去，便結成個地在中央。氣之清者便為天、為日月、為星辰，只在外常周環運轉，地便在中央不動，不是在下。」天地雖然有所區別，卻不能絕對分離。

除了坤卦之外，六十三卦都有陽爻；除了乾卦之外，其餘各卦也都有陰爻。可見陰和陽對萬事萬物都十分重要。然而，我們知道陽爻進入陰爻，也就是陰陽的交配，成為一切萬物的生機。乾是萬有的根本，萬物的起源，應該是到處可見的事實。生男育女，由父母共同完成，但是生出來的孩子是男是女，科學已經證明，仍然是由父親的染色體來決定。往昔錯把生不出男孩的責任推給母親，實在是冤枉了女性。在懷孕之初，如果沒有自強不息的精子，恐怕很難成孕。畢竟卵子要成為受精卵，只能待機而動，並不具主導的功能。

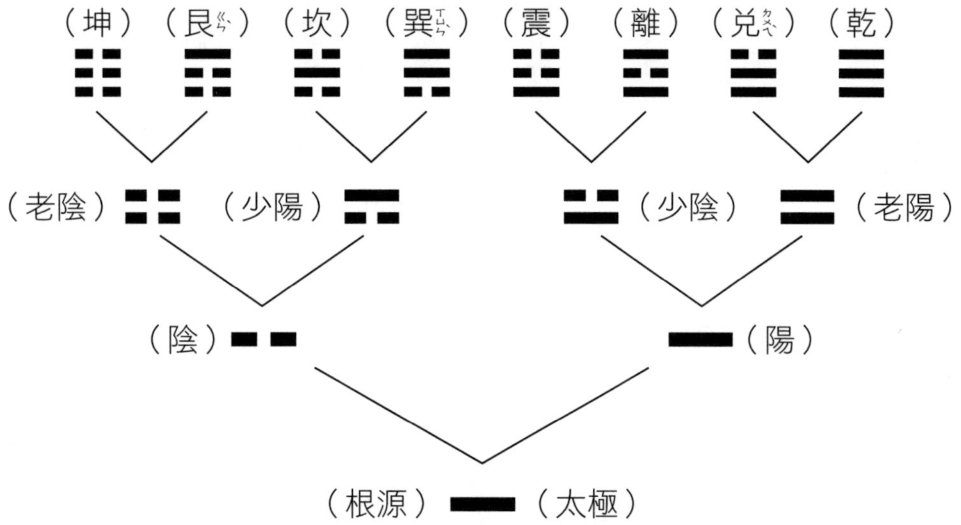
（坤）
（艮ㄍㄣˋ）
（坎）
（巽ㄒㄩㄣˋ）
（震）
（離）
（兌ㄉㄨㄟˋ）
（乾）
（老陰）
（少陽）
（少陰）
（老陽）
（陰）
（陽）
（根源）
（太極）

八卦的樹狀發展

五．乾具備了元亨利貞四德

孔子在「一陰一陽之謂道」的後面，加上一句「繼之者善也」，表示繼承和發展這個「道」的，便是人類社會和善的風範。緊接著又說「成之者性也」，告訴我們人性和物性的形成，與《易經》「天地設位」、「陰陽之道」的作用，具有十分密切的關係。因此，「夫易，聖人所以崇德而廣業也。知崇禮卑，崇效天，卑法地。天地設位，而易行乎其中矣。成性存存，道義之門」。「崇德」是增進道德，「廣業」即開展事業。崇德是人性的表現，廣業涉及物性。「知」是智慧，以崇高為貴，所以要仿效天。「禮」即禮節，以謙下為宜，最好取法於地。天地的相對位置，是不同的設定。一旦設定下來，陰陽二氣就不斷互相作用，發生變化，而《易經》的道理，也就運行於天地之中。人們理解易理而成就廣大的善性，積累再積累，便能進入道義的門徑。

乾卦的卦辭，只有「元、亨、利、貞」四個字，孔子則以「仁、禮、義、智」來呼應，把天道和人性，緊密地連結在一起。「元」表示生物之始，於時為春，於空為東，於人為仁，於物為木。「亨」表示生物之通，於時為夏，於空為南，於人為禮，於物為火。「利」表示生物之和，於時為秋，於空為西，於人為義，於物為金。「貞」表示生物之成，於時為冬，於空為北，於人為智，於物為水。始生萬物之後，要能有無相通，使大家都獲得利益。這時候，最容易引起爭奪和訴訟，所以公正無私，善用智慧來化解問題，可說至關重要。既然乾道具備「元、亨、利、貞」四德，我們為人處事，也應該秉持「仁、禮、義、智」這四種德行，以求能夠上應天德。

乾有四德

- 元 —— 指元始，可以始生萬物。
  萬物必須交感互動，才有創生作用。
- 亨 —— 指有無相通，使萬物互動，產生作用。
  有了作用，最好能使彼此都有利益。
- 利 —— 指利益，容易引起爭奪和訴訟。
  公正無私是平息紛爭的最好辦法。
- 貞 —— 指公正，堅守正確的原則，
  以免利令智昏，造成惡果。

六、以龍象徵看不見的能量

先天乾（☰）象徵宇宙空間，充滿電磁波，也就是肉眼看不見的能量，所以乾卦用「龍」來說明，提醒我們：六爻的變化，都屬於看不見的能量波動，必須用心體會。三畫陽爻，象徵上下、左右、前後三個方向的波動狀態，三度空間（長、寬、高度）都應該兼顧並重。六畫乾卦表示兩組三畫陽爻重疊，陽氣純真剛健，充滿宇宙，而且源源不斷。六爻各自占有一個位置，代表三度空間的六個層面。陽爻由下卦初位，逐漸分階段上升，經歷二、三、四、五，以至於上位，循環不絕，運轉自如。

在十二生肖鼠、牛、虎、兔、龍、蛇、馬、羊、猴、雞、狗、豬當中，就只有「龍」，古往今來從沒有人真正看過。所以用「龍」來象徵看不見的能量、電磁波、輻射線，實在十分高明。

在中華兒女的心目中，「龍」是神物，能夠潛伏地中、飛升上天，變化莫測，與「大丈夫能屈能伸」的形象相呼應。炎黃子孫常自稱「龍的傳人」，表示我們是人，但要向「龍」學習，把乾卦的精神充分展現出來。即使成不了聖人賢士，但至少可以成為一個對得起自己、家人，以及社會人群的君子了。

西方人害怕龍，視之為邪惡的象徵，其主要原因，在於因應的策略是逆而不順——害怕龍，不喜歡與龍接觸，採取一種對立、抗爭的方式，結果永遠沒完沒了。而我們則是順著龍性，採取順勢、共生、互動的方式，抱著龍，一起悠遊世界各地。上天下地，都暢行無阻。龍行天下，展現出炎黃子孫神氣自若，卻絕非驕傲自大的模樣，值得我們自豪並自得其樂。

龍是能量的象徵

宇宙空間，充滿電磁波，看不見也摸不著。

用「龍」來象徵，能屈能伸，見首不見尾，十分高明。

西方人想要控制龍，

由於控制不了，便將龍視為邪惡的代表。

中華兒女熟悉龍性，順性趨勢，

乾脆自稱「龍的傳人」，自勉且自豪。

我們的建議

1 地球是圓的，各地方的天地，位置不一定完全相同。「天地設位」是原則，表示天地的位置，是可以改變的。但是天地的相對關係，則是不變的。一旦設置完妥，便成為「天地定位」，我們就應該接受這樣的事實。

2 天地是自然的景象，只要抬起頭來，便能看見天；低下頭，地就在我們腳下。天地同樣重要，並沒有尊卑、貴賤、好壞、善惡的區別。我們只能說「天地平權但不同性質」——天地平等，但彼此的性質卻不相同，如此才符合實情。

3 陽性主動，必須剛健有力；陰性大多採取被動，柔順較能配合。在幾千萬到上億個精子當中，只有一個能獲得與卵子結合成為受精卵的機會，可以想見陽的元亨利貞，要經歷多少艱難！

4 我們常說「好的開始是成功的一半」，因為經過仔細規劃、小心謹慎地踏出第一步，大多都會帶來亨通和利益。問題是，只要利益一出現，很多人往往就會利令智昏，而種下失敗的惡果。

5 大多數人在利字當頭時，都會昏頭昏腦，亂了步伐，也忘掉應該有的立場。這時候，「貞」的心態，就成為關鍵。「貞」代表公正無私，我們把天老爺稱為天公，用意即在於此。

6 宇宙之間充滿能量，陽氣十足，但根據所處的位置不同，就應該做出合理的表現。我們明白陽氣的特性之後，最好能夠配合爻位的變動，好好地研究一下乾卦六爻的爻辭，以資妥善運用。

《第三章》

乾卦六爻
有什麼變化？

乾卦六爻皆陽，初九當位，
潛龍勿用，提醒大家務必「慎始」。

九二以陽爻居陰位，見龍在田，
雖然與九五不相應，卻也應該有所表現。

表現得好，招嫉；表現不好，受侮，
九三承受各種壓力，必須高度警惕。

人生的命運，決定在重要的跨躍，
能上天即飛黃騰達，否則就會墜落深淵。

九三凶，九四懼，九五最好利見大人，
上台容易下台難，實在是最大的考驗。

上九有高亢的傾向，是人性的特點，
自我克服、上下同心，比較容易避免亢龍有悔。

一・潛龍處下位暫時不表現

六十四卦的每一卦，都有六爻，表示不同的時、位和性質。由下而上，代表一個階段接著另一個階段，不斷地產生變化。乾卦六爻，從最下面的第一爻，分別為初九、九二、九三、九四、九五和上九。

在每個卦中，初、三、五爻是奇數，稱為「陽位」；二、四、上爻是偶數，稱為「陰位」。若陽爻居陽位，如乾卦的初九、九三、九五，都屬當位，也就是得位；若陽爻居陰位，如乾卦的九二、九四和上九，全都失位，也就是不當位。

初、二爻為「地位」，三、四爻為「人位」，五、上爻為「天位」。初、二、三爻為「下卦」，或稱「內卦」；四、五、上爻為「上卦」，或稱「外卦」。乾卦下乾上乾，內外都是乾，稱為「純陽卦」。

初九爻是乾卦的第一爻，當位。是六十四卦三百八十四爻中的第一卦第一爻，堪稱「天下第一爻」，值得重視。

初九爻辭：「潛龍勿用。」潛在地底下的龍，對地面上的環境並不熟悉。雖然很善於變化，卻當位。為了安全起見，最好暫時保持勿用的狀態。譬如初出茅廬的社會新鮮人，儘管學業有成，修養也很好，但仍需瞭解社會環境，畢竟和學校並不相同。先瞭解，後適應，然後才提出改善的意見，表現自己的才能，應該更加安全。否則，一表現就承受重大的打擊，只能怨天尤人，卻也莫可奈何。

或許有人質疑：若是「勿用」，有能力有什麼用？這種「半腦人」的反應，我們毋需理會。「勿用」並不是不用，而是謹慎小心，站在不用、不用的立場來用，以免亂用。初九爻辭，重點就在於「慎始」。

乾 1

初九，潛龍勿用。

初、二為地位。初為地下，二為地上。
潛龍處於下位，為了避免受到傷害，
在尚未熟悉地上環境之前，
最好能夠大智若愚，潛沉藏匿。
一方面培養實力，一方面防患於未然。
不表現，暫時保持「勿用」狀態，以策安全。

慎始

二、九二見龍在田利見大人

乾卦九二爻辭：「見龍在田，利見大人。」

「見」就是現，九二位居地道之上，地上有田，表現出龍在田地上面的象，和初九的潛龍，時、位都不相同。九二的潛龍已經準備妥當，要伺機而動。九二以陽爻居陰位，雖然不當位，但是時機成熟，也非動不可，符合「當潛則潛，當現則現」的機動原則。《易經》當中，把人區分為：大人、聖人、賢人、君子、民、小人等不同類別，彼此間的劃分標準，並不十分嚴格。「大人」是代表道德修養大有成就的人，是道德人格的最高典範。「聖人」則是特別凸顯其智慧，而「賢人」和「君子」，都是有志於實踐易道的人。「民」泛指一般百姓，「小人」則是缺乏君子抱負，不免日趨下流的人。

這裡所說的「大人」，指的是九五。因為二爻居下卦之中，五爻居上卦之中，都是三才之中的人位。陽大陰小，九五陽居人位，所以有權；而九二雖然也是陽居人位，卻並不當位（二爻原為陰位），應該表現得十分有為，以符合「大人」的象。「利見大人」，有兩方面的用意：一方面是晉見九五這位有權的大人，獲得賞識和支持，以便有所作為。一方面則是九二自己的所作所為，必須造福人民，有利於社會，表現出大人應有的氣勢。同時，九三陽居陽位，有君子的修養，能欣賞九二的作為。初九當位，又知道潛修學習，比較容易配合。在這種有利的環境中，九二不當位，而時機成熟，既然見龍在田，就必須好好有所作為。九二陽爻，原本和九五陽爻不相應，不容易獲得九五的支持。但由於初九和九三的當位，才造就了九二「利見大人」（九五）的優勢。

乾
1

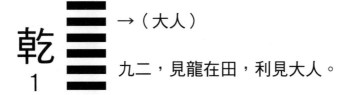

→（大人）

九二，見龍在田，利見大人。

九二是地位的上爻，已出現在地面上。
潛伏階段的修養功夫相當可觀，
一旦良機出現，就要及時表現，
一方面爭取九五（大人）的賞識和支持，
一方面自己也要表現出大人的模樣。
雖然初試身手，也要有不凡的表現。

展現

三．九三終日乾乾夕惕若厲

乾卦九三爻辭：「君子終日乾乾，夕惕若厲，无咎。」

九二、九五都稱為「大人」，表示才、德、位三者具足。君子重在道德修養，不一定要在位或不在位。初九、九二居於地位，初九潛於地下，暫時勿用。勿用不是不用，只是待時而用。九二出現在地面，已接近人位，所以最好「利見大人」，表現得受到大家歡迎。九三開始進入人位，居人位的下位，所以多凶。就算是修養良好的君子，又能「利見大人」，仍然招惹很多嫉妒、懷疑、抹黑、甚至於打擊，可說是明槍、暗箭齊發，必須特別提高警覺，處處小心為是。

「乾乾」的意思，是上乾下乾重疊，就算走完下乾，還是得繼續向上乾邁進。「乾」代表自強不息，現在來到下卦的上爻，不過是告一段落，不能夠認為已經走到乾下的頂端，便洋洋得意，而忘掉「行百里者半九十」的警語。何況九三、九四居於人位，人與人之間的種種問題，勢必產生很多困擾。「夕惕」表示連夜晚也應該警惕，不可大意。「厲」是危險的意思。應該要警惕到什麼程度呢？就好像是已經遭遇到或面臨危險的樣子，唯有如此，才能无咎。

《易經》除了「吉、凶、悔、吝」之外，還提出「无咎」的概念。吉凶是得失的樣子，不必太在意。若能心中有悔，就容易善補過而吉；如果只是在口頭上掩飾、推卸責任、文過飾非，就很容易導致凶。悔吝經常只是小過失，卻招來吉凶的不同後果。「咎」原本是過失的意思，悔、吝、凶都是「咎」，只是程度不同而已。人如果能夠善補過，便可以无咎。而九三為什麼必須如此警惕？主要是因為九二時有為的表現，已經招人妒忌。可見招人妒忌，自己也必須承受後果。

乾 ䷀ 1

九三，君子終日乾乾，夕惕若厲，无咎。

君子是有志於實踐易道的人士，
不論在位或不在位，都應該自強不息。
乾下走完，還有乾上要走，所以「終日乾乾」。
「厲」是危險，即使夜晚也要警惕，以防凶險。
由於九二表現優良，所以特別容易遭忌，
若是表現不好，也有被拔除或冷落的危險。

警惕

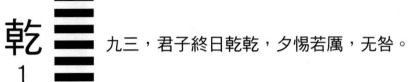

四、九四或躍在淵亦能无咎

乾卦九四爻辭：「或躍在淵，无咎。」

九三如果不能「終日乾乾，夕惕若厲」，很可能就止於九三，無法再向乾上發展。九三的成績，可以說是小成，若是因此得意忘形，便是小才不足以大用，不可能有更大的成就。九三謹慎小心，時時提高警覺。若是只為了保持小成，不敢對未來抱有更高的期望，那就是委屈求全，說得難聽一點，便是器小易盈。

九三最好記住九二「利見大人」的景象，一方面不要辜負九五的提攜，一方面也應該對得起自己，所以「夕惕若厲」的用意，是要用來充實自己、提升自己，做好萬全的準備。一旦時機來臨，就要及時把握，以期能夠一躍而登上龍門，成為「飛龍在天」的大人。九四的爻辭，應該是「或躍在淵，或飛上天」——同樣準備好了，向上一躍，卻產生兩種截然不同的後果：一是果然準備好了，在天空中飛翔；一是根本沒有準備好，不幸墜落深淵。

既然有上述兩種可能，為什麼爻辭只說「或躍在淵」，卻不說「或飛上天」呢？這是本著「凡事先想輸再想贏」的生存之道。一個人如果連失敗都能承受，成功時當然更是欣喜萬分。如果抱持「只許成功不許失敗」的心態，萬一失敗了怎麼辦？難道要自殺嗎？可見聖人作爻辭時，思慮十分周到細密。有很多人自以為準備好了，其實不然。也有很多人根本才能不足，不宜跳躍，但是只要明白自作自受的道理，願意承擔所有的責任，就算一躍、再躍，仍然無法成功，甚至不幸墜入深淵時，也不會怨天尤人。若能抱持這樣的心態，當然可以无咎。凡事只要先把失敗的一面想清楚，心裡有所準備，也就能夠坦然接受而無所畏懼了。

乾 ☰ 1 九四，或躍在淵，无咎。

九四是乾上的初爻，也是人位的上爻，
人生到了四十、五十，該是決定上、下的時候。
準備妥當，一躍而上青天，即能飛龍在天。
若是一躍而墜入深淵，只要是心甘情願，也能无咎。
非上不可，不上就要自殺，那就是輸不起。
不以勝敗論英雄，盡人事聽天命，豈不是更好！

跨躍

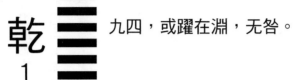

五・九五飛龍在天利見大人

乾卦九五爻辭：「飛龍在天，利見大人。」

九三、九四居人位，所以九三多凶，九四多懼。如今在萬全的準備下，一躍而飛上高位，有如飛龍在天。首先應該知道，人生最大的考驗，看起來已經順利通過，實際上對自己的考驗，這才剛剛開始。多少人從這個高位栽下來，大嘆「上台容易下台難」；多少人在這個位置上留下臭名，讓後人一想起來就咒罵不已；多少人飛了以後，才知道翅膀不夠硬，很快就飛不動，體會到暴起暴落的辛酸滋味；多少人根本下不了台，不是憂鬱以終，便是折磨至死。

所以聖人作爻辭時，苦口婆心地提醒後人——若是真有「飛龍在天」的一日，唯一的生路就是「利見大人」，別無其他出路。

「利見大人」的意思，是指自己表現得公正無私，能夠造福人群社會，使人民深蒙其利，認為是好人出頭，果然是位了不起的大人。然而歷史上，就有一些居高位者，偏偏要反其道而行，成為令人髮指的暴君，使人民覺得生逢亂世，命如風燭，隨時可被吹滅；命如蟻螻，絲毫沒有價值；命不由人，完全沒辦法應對。九四只說「或躍在淵」，不提「或飛上天」；九五卻只提「利見大人」，不說「禍害社會，令人民厭惡」，其實是居於「好不容易出現良好的領導者，大家一定要滿懷光明的期望，給予積極正面的支持，使其利見大人」的一番苦心。

九五對於九二，雖然並不相應，但也必須好好栽培，使其成為優秀的繼承者，將來經過嚴格的考驗，同樣可以一躍而飛龍在天。如此一代又一代，薪火相傳，才能生生而不息。

乾 ䷀
1

九五，飛龍在天，利見大人。

九五陽居陽位，一躍升空，已登天位，
必須以「上台容易下台難」自勉，
極力成為仁君，而不是留下千古罵名的暴君。
使自己成為人民心目中有利於天下的大人，
對於九二，雖然並不相應，也要用心栽培，
有勝任的接班人，才能承先啟後，生生不息。

飛騰

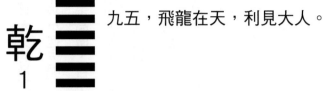

六、上九最好避免亢龍有悔

乾卦上九爻辭：「亢龍有悔。」

「悔」的意思是有了小過失，能夠真心悔過，並且及時善補過。很多人或許會認為：上九是六爻的最高位置，經過嚴苛的磨鍊與挑戰，才能夠榮登這樣的高位，怎麼可能犯小過失呢？其實問題關鍵就在於「亢」。

「亢」表示高傲、目中無人，看不起所有的人。一個人登上高位，眼睛難免往下看，看到的大多都是他的看門狗，很容易就會不把人當人看。聖人作爻辭時，特別提醒居高位的人：在看到看門狗時，最好看看狗的眼睛，好像也是向下看，這樣才有「狗眼看人低」的罵名，因而能夠自我警惕，千萬不要過度高亢，以免做出懊悔都來不及的憾事。

盛極而衰的必然性，就好比是把物體向上拋，到達拋物線的至高點時，就必然會向下落一樣。驕亢引來懊悔，也是勢所必然。《易經》指出這種事物運動的基本變化規律，也特別對上九爻提出警告：一旦高亢，悔吝必隨之而來。

人在不斷追求上進的過程中，年歲也會同時增長，這是極為自然的狀態。體力由盛而衰，是每一個人都不可避免的現象。人事的適時交替，應該是合乎自然的良好方式。我們常說「大位天定」，意思是小位由人自訂，而大位的機會太少，希望大家不必過分競爭，以避免造成生靈塗炭的不幸浩劫。

同理，居大位的人，是仁君或暴君，當事者固然要負最大的責任，然而影響的內、外在因素也很多，簡直不是當事者所能獨力承擔的。上上下下，大家多盡一份心力。對上九的仁或暴，應該會產生一些影響，我們通稱為「共業」。

乾

1

上九，亢龍有悔。

就算是乾卦，也有盛極而衰的可能，
一路陽剛到底，實在也是十分危險。
完全沒有人敢勸戒，上九難免高傲、驕亢，
脫離群眾，失去民心，未來即使懊悔也來不及了！
提高警覺，不驕不亢，自然能夠持盈保泰。
上上下下，都要盡一點心力，畢竟這是共業。

戒亢

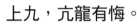

我們的建議

1 有些人初入社會，不知天高地厚，便極力想要追求表現——結果不是被腰斬，成為烈士；便是怨天尤人，自覺生不逢時，因而自暴自棄，連乾卦的初九爻都很難通過。

2 有些人對乾卦初九爻有很深的領悟，卻不幸養成固守成規、事事退讓、不求上進的心態，以致有機會也不敢表現，即使「見龍在田」，也引不起大人的注意，自己更是缺乏大人的氣勢。不知如何做好「合理的階段性調整」，無法通過九二爻的考驗。縱使得到機會也僅止於此，甚至很快就被他人取代。

3 有些人登上九三的位置，便自以為了不起，不知臨事而懼的道理。以致明明可以克服的難關，也會突然「陰溝裡翻船」。事實上，這並非才能不足所造成的，而是謹慎小心的修養工夫不及格。

4 有些人臨事而懼，卻不敢好謀而成。白白練就一身好功夫，卻只敢用來表演，不敢防身禦亂。一生從不冒險的人，恐怕只能小成，難有大成就。不過人各有志，若是甘於平淡一生，胸無大志倒也無妨。

5 在天時、地利、人和的配合之下，好不容易登上高位，這時最好能謹記在心，時時提醒自己，千萬不可驕亢，以免盛極而衰，後悔莫及。一個人能不驕亢，又善補過，才能「利見大人」。

6 萬一把持不住，一味高亢，小過失累積成大過錯，一旦大禍臨頭時，任誰也解救不了。有些人到了九五的階段，便會適時引退或順利交棒，應該是避免「亢龍有悔」的良策。

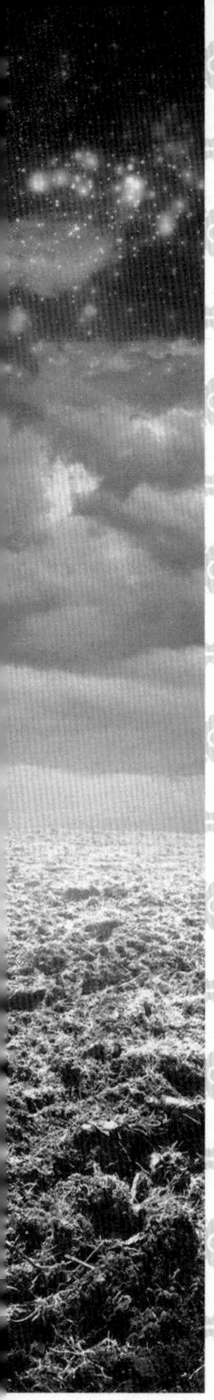

《第四章》

乾下乾上
有什麼關係？

乾卦乾下乾上，上下都是乾，
乾是健的諧音，意思是自強不息。

由下卦到上卦，分為六個階段，
下卦為小成，上卦才有可能大成。

群龍无首，意味著不應該剛健到底，
必須適時做出合理的調整，才能應時制宜。

元、亨、利、貞，是天的四德，
君子效法取用，以期能夠天人合一。

可進則進，應退即退，堅守正道，
對人對事，都應該堅守合理的貞操。

六爻之中，任何一爻變易，全卦皆變，
從中玩味變化的道理，必定會有良好心得。

一、初基穩固事業才能大成

乾卦六爻，就個人來看，應該是按部就班，循序漸進。初九重「潛」，先做好準備，等待良好時機才表現。九二重「現」，時機良好，必須一鳴驚人，表現出大人的風範。九三重「惕」，由於表現良好，難免遭受各種中傷、打擊，最好時時提高警覺。九四重「躍」，把握一生中最為關鍵的時刻，由下卦躍到上卦，成則飛龍在天，不成則安分守己，不怨天也不尤人。九五重「飛」，必須有大人的風範，為全民所利見。上九重「亢」，要盡力避免心高氣傲，以防造成後悔的局面。

就事業的發展來看，乾的下卦是初基，上卦則是大成。若初基不穩固，到九三爻就趾高氣揚，得意忘形，勢必半途而廢，根本沒有上卦的機遇。若初基穩固，奠定良好的基礎，再接再厲，才有可能一躍而登乾上，大展鴻圖。

依時的觀念來看，上下卦各有三爻，分別代表「始、壯、究」三候。不同的時段，有不一樣的情況，稱為「候」。初九表示陽氣漸生，為「始」。由下而上，其數為「一」。九二表示陽氣壯盛，有少陽的氣勢，其數為「七」。九三表示陽氣終究成老陽，其數為「九」。完成下卦的「始、壯、究」之後，若是時間許可、意志堅定、機遇來到，當然可以發展上卦的「始、壯、究」。乾下乾上完成，有時候還可以向上發展，不過那是少之又少的特例，所以《易經》發展到六爻，就暫時告一段落，以免給人帶來太大的壓力，得不償失。先把乾下的「始、壯、究」好好完成，奠定穩固的初基。然後不折不撓，不改初衷，繼續完成乾上的「始、壯、究」，以獲得大成。

乾

1

乾上	上九	⚊	究（亢）	大成
	九五	⚊	壯（飛）	
	九四	⚊	始（躍）	
乾下	九三	⚊	究（惕）	初基
	九二	⚊	壯（現）	
	初九	⚊	始（潛）	

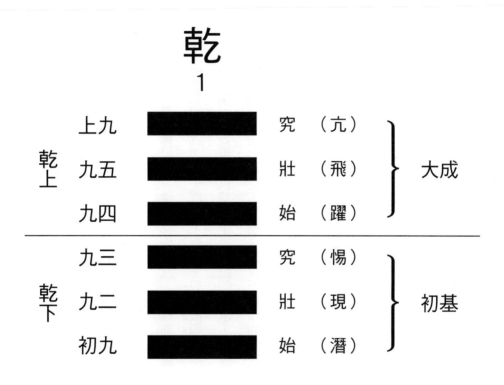

二、群龍無首才能合理因應

乾、坤兩卦比較特別，在各爻的爻辭之後，還有「用九」和「用六」兩個提示。乾卦用九：「見群龍无首，吉」。「群龍無首」（「無」與「无」音義相通）後來變成一句耳熟能詳的成語，大家多半是按照字面意思，把它解釋成「群眾失去領導者」，並口耳相傳至今。然而，若真是如此解釋，那麼為什麼沒有人對「群眾失去領導者，這樣怎麼能吉？」產生疑問，實在是令人難以置信！

「群龍無首」，說的是一種現象。從初九到上九，同樣都是龍，卻各有各的表現，並不相同，這種現象，就叫做「群龍无首」。只有按照不同的爻位，扮演不一樣的角色，做出不相同的表現，以符合不同時位的要求，這樣才會有所得而「吉」。同樣的剛健，處在不同的環境下，就必須有不一樣的彈性運用，這種精神就稱為「持經達變」。

「經」就是不易的剛健，「變」則是變易的合理應變。人要有原則地應變，而不是堅持到底，絲毫不能變通。這種「持經達權」的方式，成為中華文化十分重要的精神，也是「圓通而不圓滑」的主要分野。初九潛龍，必須等待時機，不宜盲動。九二時機開始有利，漸次增強陽剛，合理表現。九三發憤自強，卻必須謹慎小心。乾下三爻，屬於小成階段，實力不夠充足，經驗尚稱缺乏，所以不適合跳躍高飛。九四以後，逐漸進入大成階段，看準時機，大膽跳躍。九五飛龍在天，陽剛已達完美境界。上九應該自制，切忌一味亢進，以免盛極而衰。同樣是剛健陽剛，但仍要持經達變，以求制宜。看似群龍無首，實際上每一階段，都有為有守。處於什麼階段，做出什麼樣的表現，這就稱為「階段性的合理調整」。

所以：吉。

持經（剛健）達變（進退合理）

所表現的剛健都不一樣。

每一階段（爻位），

上九：不宜知進忘退
九五：必對公眾有利
九四：伺機大膽跳躍
九三：時時警惕小心
九二：有機會不放棄
初九：不宜魯莽表現

群龍无首

三．天行健君子以自強不息

乾卦的「象」，分為「大象」和「小象」。「大象」解釋整卦卦象的象徵意義，只有一則；「小象」分別解釋六爻的爻象，所以有六則。象是「像」的意思，像什麼？最好多加想像。乾卦的大象：「天行健，君子以自強不息。」便是要我們想像一下，乾（☰）的形象，是不是如此？

君子是有志於實踐易道的人，「以」是效法、取用的意思。乾（☰）卦自初九到上九，一路陽剛到底，有「天行健」的象徵。君子既有志於實踐易道，看到乾的形象，就必須效法天的行健，取用在自己身上，自強而不息。

《易經》中用「君子以」的，多達五十三卦。從乾卦開始，就應該養成效法、取用的良好習慣，以免淪為空談。學習的目的在於實踐，而六十四卦都有實際的用途，稱為「卦用」。學以致用，最好從乾卦開始。看到天道運行剛健而永不停息，就要效法天道，培養出自強不息的精神。

然後再看乾卦小象：從「潛龍勿用」而「見龍在田」到「終日乾乾」，都是健而又健的樣子。小有成就之後，再「或躍在淵」而「飛龍在天」，以至於「亢龍有悔」，終能大成。從下到上都是「九」，表示剛健的德，也就是天德，並沒有改變。然而初九和上九，九在後頭，而九二、九三、九四、九五卻是九在前面，這是什麼道理？因為「初」重「時」，而「上」重「位」，剛開始和最後，都是眾所矚目的焦點，不宜貿然逞強。其餘四爻，當然是以剛健為主。初、上為了遷就實際環境，而不得不稍做合理調整，此乃合理的因應之道。

「九」在「二、三、四、五」前面，
表示「九」的「性質」最重要，
必須保持自強不息的動力，
在每一階段做出合理的表現。

上九
九五
九四
九三
九二
初九

上九：
「上」在「九」前面，表示結束時，
「位」最重要，性質不必充分顯示。

初九：
「初」在「九」前面，表示一開始時，
「時」最重要，性質暫時不顯露。

四・元亨利貞是君子的四德

六十四卦之中，乾坤兩卦特別重要。六十四卦都有卦辭，一般的說法，認為這是周文王的傑作。而孔子對乾坤兩卦的卦辭特別重視，分別加以解釋。由於孔子是解釋文王所說的話，所以稱為「文言」。乾卦的文言，以乾為天，而以元、亨、利、貞為天的四德。孔子進一步以乾為君子，並且以元、亨、利、貞做為君子的四德。這四德存在於君子心中，也存在於天道之中，所以君子實踐四德，可以天人合一，也就是天在君子心中的意思。

既然說「元、亨、利、貞」，就表示「貞」是一切的基礎。離開貞，元、亨、利都很不可靠；以貞為基礎，才能確保上層的元、亨、利安全有效。貞是堅貞的操守，簡稱為「貞操」。並不是只有女性要重視貞操，男性也應該同等重視；並不是只對異性講求貞操，對人對事都應當如此。不能因為「貞操」兩字，曾一度被狹義引用之後，便喪失原有的廣泛用途。也不能由於一度被誤用了，便從此不敢再提。貞操是做人做事的基礎，貞下起元，才能生生不息。元、亨、利、貞四德，不但是天有、地有、人也有，現代科學更證明連物也有。貞是正固的操守，萬事萬物，都是以貞為基礎。利因正固而和，不致由於爭奪邪利、暴利、近利、小利而失和。能「和」得通暢，才是真正的亨通。從元始出發，就堅持正道，當然亨通。由乾下到乾上，從初九到上九，無不以「貞操」為主幹，視當時的內外環境而做出合理調整，以求得元、亨、利、貞。君子以天道的元、亨、利、貞來培養自己的四德。從「潛龍」開始，便嚴守貞操。由小成而大成，經由元、亨、利、貞，接著貞下起元，自然能夠一路順遂，得意卻不忘形。

天道四德				君子四德
	（元始）	元	（慎始）	
	（亨通）	亨	（互惠）	
	（公利）	利	（公益）	
	（貞操）	貞	（貞操）	

生生不息				自強不息
	貞下起	元		
		亨		
		利		
		貞	下起元	

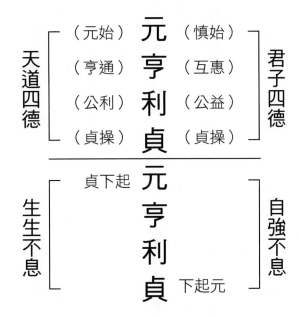

五、知進退存亡而不失其正

任何人來到陌生的地方，最好能夠放下身段，擺低姿態。先拜訪一些當地的相關人士，一方面表示尊重，一方面打聽情報，以求入境隨俗，做出當地可以接受、歡迎的舉動。否則初來乍到，尚未摸清底細，便冒然出手，萬一遭遇強敵，豈不是自找苦吃？至少也是魯莽、愚昧，令人覺得十分可笑的表現。一出手就遭受挫折，難免自覺委屈，甚至變得憤世嫉俗，對自己的傷害相當嚴重。

摸清底細，知道合理度。遇到時機來臨時，當然要盡力而為，有所表現。由於事先準備充足，又有相關人士支持，應該可以獲得良好回應，被視為後起之秀、未來之星。

俗話說「人怕出名，豬怕肥」，表現得不好，根本沒人理會；表現良好，又難免招忌，各方面有形無形的打擊不斷，必須高度警惕。若是稍有閃失，可能只以小成作收。小成在握，要不要持續奮鬥，由自己決定。臨事而懼，才能好謀而成。比起小成，大成就相對困難許多，必須更為堅貞。

一躍而飛，以大德居大位。這時更要重視精神的感應，促使民風國俗能獲得導正。九四以前比較重視實際的運作，九五則相對重於無形的感化，必須合理調整。無論如何，知進退存亡，才是正道。當進則進，應退即退，一切都要以合理為判斷標準，才能慎始善終。

由初九慎始出發，到上九獲得善終，過程中必須隨時提高警覺，知所戒慎，不得稍有大意，所以並不容易做到。然而所謂「自作自受」，一切都有賴於自己的自強不息，才是乾道精神的弘揚發揮。

善終

↑

慎始

（上九）—— 求得好死，心安理得。

（初九）—— 入境隨俗，不可魯莽。

知進退存亡的道理，還要及時做好調整。

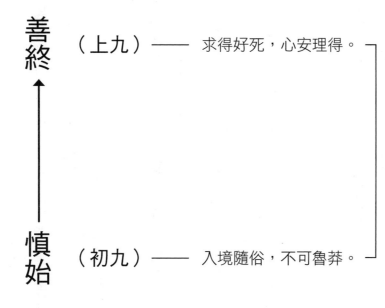

六、只要奇偶變易全卦皆變

易學重視變易，一卦之中，只要任何一爻變，則全卦皆變。我們從這些變易的現象中，就可以體會到若是表現得不合理，將可能產生什麼樣的後果。

先看初九爻由陽變陰，就成為姤ㄍㄡˋ（䷫）卦。表面上看起來，五陽在上，一陰起不了什麼作用，殊不知這一來，就已經種下十分嚴重的禍根。不貞的結果，使得基礎很不穩固。

再看九二爻由陽變陰，就成為同人（䷌）卦。上與九五相應，很容易得寵而仗勢欺人，反而不為同仁所歡迎。

接著九三爻由陽轉陰，就成為履（䷉）卦。此時只好行之以禮，以求履險如夷。換句話說，敬鬼神而遠之，變得十分重要。重視誠正才有致福的可能。

若是九四爻由陽轉陰，就變成小畜ㄒㄩˋ（䷈）卦。以陰承陽，必須採用以柔克剛的原則，以免冒犯長上，對自己不利。但是不能勸諫上級，也算未盡責任，必須妥為因應。

還有九五爻由陽轉陰，就變成大有（䷍）卦。雖然不當位，卻與九二相應，只要寬柔合理，必能天下大通。柔得尊位，六五居上卦之中，上下五陽爻，都能夠相應。我們稱為陽為大，一卦的大者都為其所有，因此稱為大有。

最後，上九爻由陽變陰，就成為夬ㄍㄨㄞˋ（䷪）卦。形成一陰在上、五陽並進的局面。若不想被去掉，恐怕誰也保不了。一切靠自己，務必時常警戒不可高亢。

我們透過這樣的變易，從本卦（䷀）和變卦（䷫、䷌、䷉、䷈、䷍、䷪）的差異詳加比較、用心體會，應該可以獲得許多良好心得。

一爻變全卦皆變。

牽一髮而動全身，

	本卦	→	變卦
上爻變	䷀乾	→	䷪夬（ㄍㄨㄞˋ）
五爻變	䷀乾	→	䷍大有
四爻變	䷀乾	→	䷈小畜（ㄒㄩˋ）
三爻變	䷀乾	→	䷉履
二爻變	䷀乾	→	䷌同人
初爻變	䷀乾	→	䷫姤（ㄍㄡˋ）

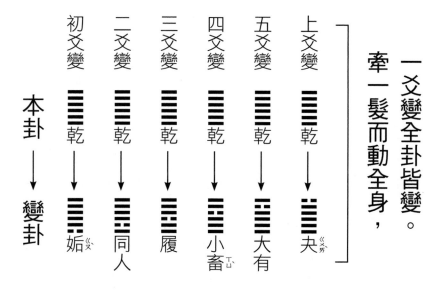

我們的建議

1 人生是階段性的調整，每一階段，都應做好合理的調整。按部就班，逐漸提升自己的層次，以配合實際的需要。由下卦而上卦，依始、壯、究的順序，盡人事聽天命。

2 即使是龍，也應該依據所處的環境，分別做出潛、現、惕、躍、飛的調整，以免陷入高亢的困境。群龍无首，並沒有固定的狀態，隨時機動應變，才能吉祥順當。

3 君子應當學習龍的精神，自強而不息。中華民族數千年來迭經禍亂而巍然長存，便是秉持這種自立自強的精神，所以稱為「龍的傳人」。歷來敵國外患的嚴厲考驗，已証明《易經》乾卦，深入每個炎黃子孫的腦海，歷久不忘。

4 凡事一開始，就確立正大光明的目標，自然容易獲得亨通的發展。情況愈有利的時候，愈應該保持正常合理的貞操。無論對人、對事，都秉持認真、負責、忠誠的態度，這樣元、亨、利、貞一路走來，必能貞下起元，產生良好的循環而生生不息。

5 人生是一連串的選擇，每一次選擇，都可能進步，也可能退步，所以必須時時進德修業，保持與時俱進的精神，才能在人生歷程中知進退存亡，而不失去正大的方向。

6 俗話說「牽一髮而動全身」，只要乾卦六爻中的任何一個陽爻變成陰爻，就會轉變成另外一個卦。一爻變，導致全卦皆變，可見對人對事，只要稍有疏失就會影響全局。這種憂患意識，需要自己細心體察、用心體會才能明白。

《第五章》

坤卦
具有哪六大特性？

坤和乾一樣，也具有元亨利貞四德，
乾元創始，坤元緊接著產生各種變化。

沒有至剛，哪來至柔？坤是柔中帶剛，
平日溫柔順從，一旦翻臉，才知最毒婦人心。

坤能凝聚成物，增長主體意識，
孕育長養，都是了不起的功能。

乾以氣為主，坤以形為體，
自強不息，才能夠以柔順相應。

坤能博厚載物，使萬物順利成長，
人應該利用厚生，以造福社會人群。

退藏於密，以期長久保持實有，
深藏不露，才能專注於重要的事務。

一、坤也具備元亨利貞四德

周文王為坤卦所做的卦辭：「坤，元、亨、利牝馬之貞。」和乾卦一樣，具有元、亨、利、貞四德，只不過加上牝馬這個條件。「牝」這個字，原本是指「母牛」，後來被用以廣泛指稱所有雌性的鳥獸。

為什麼不用「牛」，而用「牝馬」來限制呢？因為牛和馬，同樣都有順從的美德，但是牛卻缺乏原創性。叫牛做什麼，牛都順從；誰叫牛做，牛好像都無所謂。牝馬就不是這樣，和牛相比，顯得既有原創性，也忠貞不二。牝馬具有選擇性，並不是任何人都順從。坤和乾的不同，即在於「利牝馬之貞」。坤卦六爻皆陰，所以用「牝馬」（雌馬）而不以「牡馬」（雄馬）來表示。實際上，牡馬不容易駕馭，不如牝馬順柔。乾卦的龍，可以視為天的化身，由陽剛雄健的氣所構成，屬於純陽。坤卦的馬，為了和乾卦的龍相配合，所以牝馬比較有利，而牡馬相對不利，也就十分合理。

同樣是「元」，作用也不一樣。「乾元」是創始，同時產生時間、空間和原物質。而「坤元」則是時間、空間和原物質發生以後，所產生的各種變化。坤卦和乾卦，具有先後的關係。先由乾元發生時間、空間和原物質，再有坤元的配合，發生種種變化，形成各種不同的性命。這些不一樣的性命，卻具有相同的要求，那就是合理的貞操、正當的操守，才叫做「各正性命」。元亨利貞既可以解釋為春夏秋冬，也可以解釋成東南西北，又可以說是仁義禮智，便是為了因應不同性命的各別需要。我們學習《易經》，必須保持相當大的靈活度，在解釋時也不能只固執於一事一物。用彈性很大的漢字來表達，可說是更為方便且生動。

元
- 乾元創始，造成空間、時間和原物質。
- 坤元接著產生各種變化，以生萬物。

亨
- 乾因創始而亨通。
- 坤以柔順而亨通。

利
- 乾因有無相通而獲利。
- 坤以完成重大使命而得利。

貞
- 乾以正大光明的目標為操守。
- 坤以柔順卻不陰險為操守。

二、坤是柔中帶剛的至柔性

一般人都有絕對性的傾向，喜歡把《易經》的相對性，看成絕對的彼此相反。譬如乾為至剛，坤即至柔，卻忽略了至剛生柔（陽極生陰），至柔生剛（陰極生陽）的道理。陰陽不但同時存在，而且可以互變。

男人若是柔情似水，大家比較容易察覺，而「最毒婦人心」，就需要深一層體會，才能充分瞭解箇中原因。女性柔順，對丈夫忠貞不二，如果缺乏寧死不屈的剛強，怎能保持忠貞的志行？就是這種剛強的氣質，當發現丈夫不忠時，很可能反過來弒殺親夫。「無毒不丈夫」、「最毒婦人心」，兩者相較，「最毒」還勝過「無毒」，所以寧可得罪男人，也不要得罪女性朋友。男不與女鬥，是提防險惡的良方。坤卦卦辭接著說：「君子有攸往，先迷，後得主，利」，「君子」是指品德修養良好的人，「有攸往」是有所往。「君子有攸往」便是君子有所行動，打算做一些事情。這時候「先迷，後得主」比較吉利。「先迷」是坤先於乾，容易迷失方向；若是坤在乾後，跟在後面而有所得，當然吉利。

乾如果代表看不見的思想（觀念），坤便是看得見的行為（態度）。「先迷」是行動領導思想，難免輕舉妄動，十分危險；「後得主」是思想引領行動，思慮妥當後才付諸實踐，符合「謀定而後動」的原則，有利於維持正當操守。

若是完全柔順，很樂意追隨在乾的後面，但是行動的時候，卻難以積極進取，這樣仍有不足之處。一方面追隨，一方面還要具有剛強的行動力，才能防止落後、跟不上，與乾愈離愈遠、彼此難以配合的困境。這種柔中帶剛的氣質，才是真正的「至柔」。

無毒不丈夫 V.S. **最毒婦人心**

看起來既狠又毒，
卻是有限度的暴虐。

平時溫柔可愛，
但狠起來更可怕。

男不與女鬥，
以提防險惡。

三、坤能凝聚成物孕育長養

周文王崛起於西北，為了增強西方的主體意識，於是把乾坤移到西邊，形成後天八卦，這是另外一種說法。乾坤從正中的（天）南（地）北移位後，考慮離卦為火，放置在比較炎熱的南方位置，而將寒冷的北方，放上坎卦的水。震為雷，春雷多發自東方；兌為悅，夕陽雖然接近黃昏，卻也令人喜悅，仍然無限美好，安放在西方；艮為山，周人的勢力，終將由西向東，止於東北，所以東北為艮，具有鼓舞士氣的作用；東南原本多風，因此為巽。這和當年伏羲氏的先天八卦圖，完全依據我國的地形地物來定位，顯然出現了「公天下」與「家天下」的不同心態，值得我們細心玩味，以加深體會。

坤卦卦辭又說：「西南得朋，東北喪朋，安貞，吉。」依後天八卦的方位，西方的兌為少女（☱），南方的離為中女（☲），東南的巽為長女（☴），都是陰卦（多陽），與西南的坤（☷）同類。由於同類相聚，容易結交成為朋友，所以坤在西南，獲得很多志同道合的朋友。反觀東方的震為長男（☳），東北的艮為少男（☶），而北方的坎為中男（☵），都是乾（☰）的同類。坤若是向東北走，必然喪朋失類。「安貞」的意思，是反省自己夠不夠柔順？若是柔順，得朋友幫助有利；若是不夠柔順，喪失朋友反而有利。擴大來說，君子得道多助，得朋友利；小人離經叛道，喪朋反而更好。反過來看，獲得君子的協助，應該柔順。但若是以柔順的方式，追隨小人的陰惡行為，那就不吉了。物以類聚，人以群分，才能孕育長養，發揮坤卦的偉大功能。

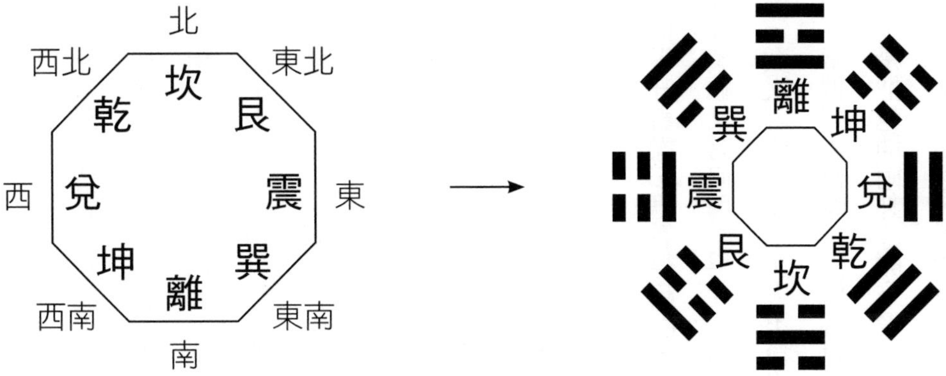

文王（後天）八卦圖

四、坤以柔順配合天德陽剛

坤卦的〈彖傳〉說：「至哉坤元，萬物資生，乃順承天。」我們把它和乾卦的〈彖傳〉：「大哉乾元，萬物資始，乃統天」對照起來看：乾元資始，為性命的開始；坤元資生，是形體的生成。性命和形體，對萬物來說，都是必須兼顧並重的。雖然有先後，卻相差不遠。乾元統天，統轄了天體；而坤元承天，承受天意以生長萬物。大哉乾元，表示天大到可以包地。至哉坤元，則是地再大，也包不了天。天以氣為主，地以形為主。氣先於形，所以乾元資始，而坤元資生。坤要柔順以承受乾的氣，才能順利地萌生萬物。

然而，乾元和坤元，都應該共同秉持天道，這是先決條件，使乾元和坤元能夠彼此配合、互相合作。若是乾元不遵守天道，坤元照樣可以不配合乾元，這才是相對待的原理。否則就成為片面的要求，也就是不符合天道。

乾元必須自強不息，坤元才能柔順相應。男性夠剛健，女性柔順才有依靠。丈夫負責任，妻子才值得守貞操。君看得起臣，臣自然對君忠誠。反過來說，乾元不能自強不息，坤元柔順又有何用？男性的精子不爭氣，女性的卵子怎麼能夠受孕？男人不夠剛健，女人怎能依靠？丈夫不負責任，有什麼權力要求妻子守貞操？君看不起臣，把臣當做奴才使喚，臣何必對君忠誠？

長久以來，我們不是把乾坤兩卦分開來看，便是把道理說成絕對化，以致僵化而缺乏彈性，強制卻不合乎人性。柔順變成逢迎，配合形成討好，承受成為忍受，根本不是易理的原本用意。

天德

乾元

天可包地，
天氣先於地形。
天降雨。
男人剛健。
君看得起臣。
丈夫負責任。

坤元

地無法包天，
地形受天氣影響。
地潤濕。
女人依靠。
臣對君忠誠。
妻子守貞操。

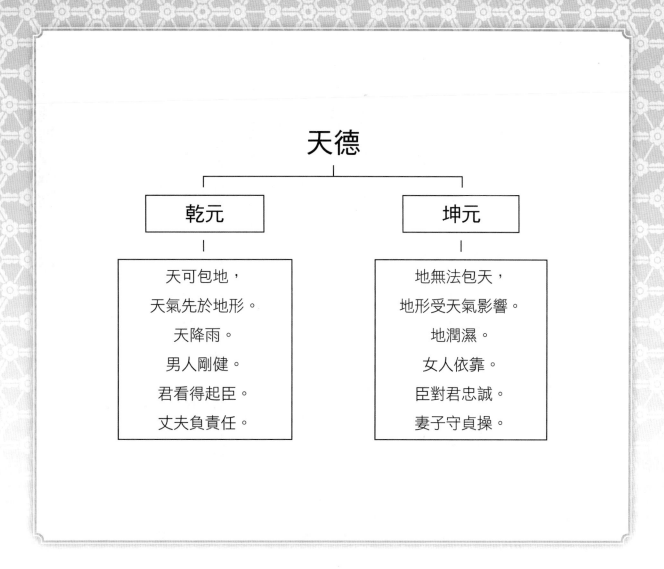

五、坤能博厚載物利用厚生

只有天沒有地，萬物都無法生成。有性命缺乏形體，構不成物。能量大家看不見，必須透過器物才能表現其功能。大地的博厚，使上天有用武之地，實在十分偉大。至哉坤元的「至」，便是最大、最廣、最厚的意思。但是它來自大哉乾元的「大」，才能獲得這樣的「至」。只有地沒有天，同樣無法生成萬物。有形體而缺乏性命，豈不是行屍走肉？恐怕連行走都有問題。若是有器物沒有能量，器物就失去其功能性。坤卦〈彖傳〉接著說：「坤厚載物，德合無疆」，表示地道必須與天德相合，才能共同生出萬物。

坤〈彖〉又說：「含弘光大，品物咸亨」，「含弘」指地的博厚，善惡美醜無所不包。博施厚積，所發出的光也很大。萬物生於地、長於地、老於地、死於地、藏於地，都因地而亨通。坤卦〈象辭〉說：「地勢坤，君子以厚德載物。」地高低不平，有些地方更是形勢險惡，原本不平也不順。「地勢坤」即是地勢順的意思，所指的不是形勢，而是所處的位置，永遠在天的下面，所以說「順」。秉持天意來厚德載物，絕無反抗、抵禦的表現。有德的人士，應當效法地的德性，增加自己的美德，以承載重責大任，造福人群。具體的表現，即為利用厚生，發揮萬物的效用，充實人類的生活。

君子在服務社會、造福人群之際，最好能依據坤卦〈彖傳〉：「先迷失道，後順得常」的原則，不要在首領尚未許可之前便率先去做，以免不合乎柔順之道，甚至有可能迷失方向。坤在乾後，是一種倫理，在後方順從、追隨，這才合乎柔順的常道。

坤	人
最大、最廣、最厚。	心胸寬大，德行深厚。
與天德相合。	遵守自然規律而生活。
博施厚積。	充實自己，服務社會。
厚德載物。	利用厚生。
先迷失道。	擅自作主不合情理。
後順得常。	獲得許可才行動更合乎常則。

六、退藏於密以期長保實有

把手伸出來，一隻手掌有幾根手指頭？五根。小孩子計數，每次壓下一根手指頭：一、二、三、四、五。這五個數字，叫做「生數」。以一為基數，每次增加一個，相當於生出另一個。生到五個，沒了。要想再增加，必須用另外一隻手掌來合成，所以六、七、八、九、十，都叫做「成數」。

古代一、二、三、四的寫法，應該是一、二、三、亖，很容易弄混。用六、七、八、九來表示陰陽，比較清楚。其中六和八屬偶數，代表陰；七和九屬奇數，代表陽。陽動而進，由七變九，所以七為「少陽」而九為「老陽」。陰動而退，由八變六，所以八為「少陰」而六為「老陰」。坤（䷁）卦六爻皆陰，退而又退，顯示退藏於密的現象。就好比大部分珍貴寶物，都是埋藏於地下，才能長久保存而不致損壞。

考古學家都知道，保存古物的最好方法，便是不加以發掘。出土是不得已才做的事情，所以不應該大量挖掘。各種礦產也只能合理開採，以免挖光、用光，使後代子孫無礦可採，不知道要用什麼替代才好。地的堅實、牢靠，主要是由於地中實實在在存著很多東西。萬一哪天挖空了，地面塌下去，反而把地面上的東西全都埋進去，豈不成了天翻地覆的局面？

老子提倡深藏不露，是專門對具有真才實學的人說的。若是沒有真才實學，又有什麼好深藏的？露吧！就那麼一點點，一露就光了。不重要的事情，就交給那些喜歡作秀的人，讓他們去汲汲營營，炫耀賣弄。而君子應當集中精神和時間，去處理那些真正重要的事務，這才是坤德的發揚與展現。

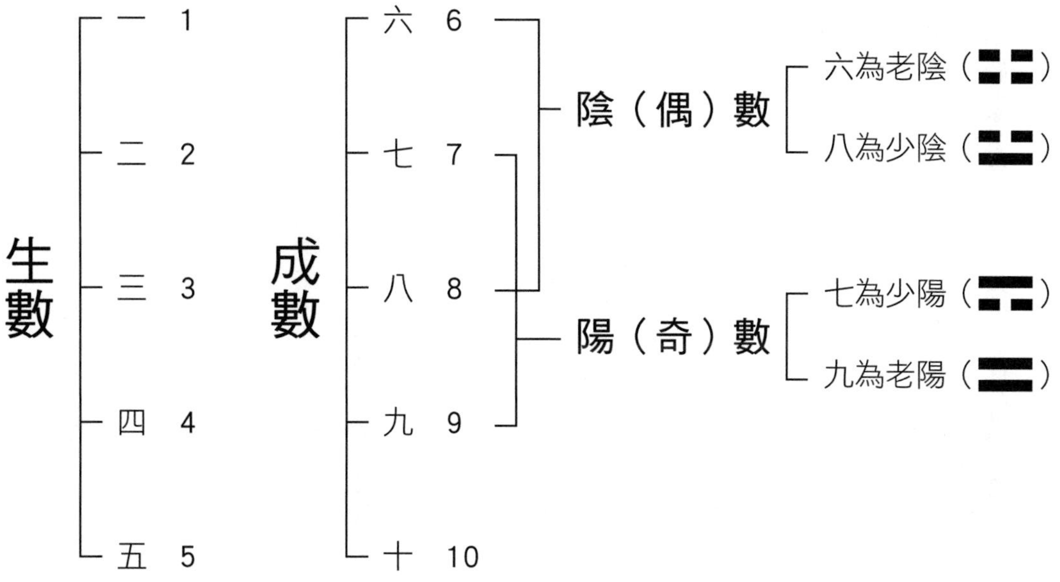
生數
一 1
二 2
三 3
四 4
五 5
成數
六 6
七 7
八 8
九 9
十 10
陰（偶）數
六為老陰（）
八為少陰（）
陽（奇）數
七為少陽（）
九為老陽（）

我們的建議

1 既然地球必須圍繞著太陽轉動，地就應該順應天，坤卦必須順從乾卦。男女平等，當然也應該有主伴的分別。過去重視「主從」關係，現代最好改變成為「主伴」關係，有主也有伴。有時候男做主、女為伴；有時候女做主、男為伴，只要合理就好。

2 剛柔是相對的，並非絕對。剛到極點，即柔。英雄不落淚，表示未到真正傷心的時刻。柔到極點，即剛。這種至柔至剛，是坤最可愛的特性，要特別加以重視。

3 方位是必要的，有指引方向的作用，卻也是以「人」為主的。各人有不同的需要，所以產生了不一樣的方位。公私的差異，在確定方位時很容易察覺。

4 乾元必須自強不息，坤元才能柔順相應。乾坤共同以天道為依歸，由資始而資生，承受天意以生長萬物。若是乾綱不振，導致坤道陰險，恐怕是必然的後果。雖然乾坤必須兼顧並重，但是將乾卦安排在坤卦前面，仍然有其正當理由。

5 坤博厚載物，從「地大物博」中即可證明。即使再重的山，也能夠承受負載；再深的海，也不會滿溢而出。人應該學習坤的精神，用心利用厚生，把萬物的效用，發揮在有益於生活的各種層面上。

6 地面堅實，乃是由於地下實有，才支撐得住高樓大廈。各種寶藏埋在地下，不希望很快曝光。讓子子孫孫既有希望，也有東西可以使用。合理開採，務求合乎坤的道理。

《第六章》

坤卦六爻
有什麼變化？

坤卦六爻皆陰，初六不當位，
履霜堅冰至，最好能預先做好準備。

六二當位，最適合自然展現，
率直、方正、大方，要避免感染某些惡習。

六三既不當位，又不能與六五相應，
必須先迷後得，保持无成有終的心態。

六四當位，但與六五過分接近，心存戒懼，
口風要緊，保守祕密，才能獲得上級的信任。

六五已經是人臣的最高位，務必適可而止，
承上啟下，都應該以協調為主，保持吉順。

上六陰極成陽，馬飛上天，人人都看成是龍，
倘若功高震主，功勞愈大的，勢必死得愈快！

一、履霜堅冰至良馬要馴服

坤（䷁）卦六爻，由下而上，分別為初六、六二、六三、六四、六五和上六。從初到上，都是陰爻。二、四、上為陰位，六二、六四、上六都是陰爻居陰位，稱為「當位」。初、三、五為陽位，初六、六三、六五陰爻居陽位，顯然是「不當位」。坤卦下坤上坤，也可以說內外都是坤，稱為「純陰卦」。和乾卦一樣，在六十四卦中，屬於稀有的純卦。

初六爻是坤卦的第一爻，不當位。坤卦爻辭「履霜堅冰至」，警惕意味十分濃厚，告訴我們：當走路的時候，腳踩到霜，千萬不要掉以輕心，甚至踏來踏去或踢來踢去，認為很好玩。一旦霜積得厚，結成堅冰，那就走不動了。一步一滑，甚至摔得人仰馬翻，十分危險。

地面有霜，是自然現象。坤卦既然「利牝馬之貞」，就提醒我們，牝馬雖然順貼，還是需要經過嚴格的馴服過程。屢經各種不同的考驗和磨練後，才知道究竟是不是一匹好馬？值不值得把自己寶貴的身家性命託付給牠？若是發現一些不良習慣，也必須及早糾正，以免有朝一日闖出大禍，那時就後悔莫及了。

小人的惡念，就好像地面上的霜一樣，剛開始只是薄薄一層，太陽一照射便消失了。這時候，只要稍微勸導糾正，很容易就能加以改變。倘若小惡不懲，養成不良習慣後，那就惡性難改，即使施以嚴厲懲罰，恐怕也終將無濟於事。組織中的新進人員，最好先考察他們的警覺性高不高？凡是警覺性不高的人，大概都不是良馬。即使柔順，也不過是唯命是從的奴才，不可委以重任，以免徒然害人害己。

坤 ䷁

2 初六，履霜堅冰至。

初、二為地位。初為地下，尚未冒出地面。
剛出社會，最好小心謹慎，處處提高警覺。
發現地上有霜，哪怕很薄，也要預先設想未來的演變。
隨著節氣的變化，可能愈來愈寒冷，甚至結成堅冰。
必須預先做好準備，以便能夠適時因應。

慎始、預警

二、最好直方大不習无不利

坤卦六二爻辭說：「直方大，不習，无不利。」六二爻以陰爻居陰位，是當位的爻。坤為地，地的本來面目，便是「直方大」。「直」指地氣向上直升，植物向上生長，人也應該積極向上（善）。「方」是方形物體比較穩固的意思。天圓地方，從科學的解釋，似乎並無不當，儘管地球是圓的，土地仍然是方的。有很多水，並不完全是土地。何況在《易經》的觀點中，方和圓是一樣的。大方為圓，小圓為方。天廣大無邊，人仰望天，只看出它的圓，地卻有界線，人看地時，往往只能看出有限的部份，方方正正，也是人對地的最好規劃。「大」即恢宏偉大，大地風光明媚，令人心敬重。「直方大」是地的自然景象，絲毫不造作地表現出來。人居於大地之上，最好能效法地那樣的真誠，表現出心地光明，既正直又大方的一面。牝馬也是如此，把馬性率直地流露出來，讓駕馭者比較容易適應。爻辭中「不習」的意思，有以下兩個層面：

一是不經由學習，就能自然表現出來的，那才是真正的本意。若是經由培訓，刻意學習，很可能是表面功夫，充滿虛偽、造作、欺騙，令人十分不自在。

一是不要胡亂學習，以免吸收一些錯誤的觀念，養成不良的習慣。學習是好的，但胡亂學習反而會造成嚴重的傷害。

「无不利」是無所不利，但是造作或扭曲，甚至於錯亂的「直方大」，仍會帶來不利的後果。正直而圓通、有原則地內方外圓，加上恢宏的氣度與心胸，當然能夠無往而不利。六二居地道之上，已有一些作為，好比一匹良馬顯露出了某些長處，若能繼續保持「直方大」的真誠，不染惡習，就能確保無所不利。

坤 ䷁
2

六二，直方大，不習无不利。

六二是地位的上爻，表示已經出現在地面上。
出於自然的率直、方正、大方，要順性表現。
不經過學習，沒有造作、虛偽、欺騙，才見真誠。
慎選學習的對象和內容，不胡亂學習，
不吸收錯誤的觀念，以免搞亂自己的腦袋。
保持「直、方、大」的真誠，自然能夠無往而不利。

展現、存真

三、內在美表現在无成有終

坤卦六三爻辭：「含章可貞，或從王事，无成有終」。這裡的「含」，是指包含的的意思，也就是內在。「章」為美，「含章」即為內在美。六為陰爻，三是陽位。六三以陰爻居陽位，在人事上相當於內剛外柔，也就是內方外圓。外表看起來柔順圓融，內在卻十分剛強正直。「貞」是正固，具有內在美，即使不當位，六三憑藉自己的能力，還是可以保持正當的操守。

「或」是惑的簡寫。六三位於內卦之上，外卦之下，顯得進退不定，難免困惑。在從事公務的時候，遇有困惑，不能擅自做主，最好服從命令。雖然目前沒有成就，但將來歷經磨練後，終究會有更好的成就。換句話說，把功勞歸給上級，自己只要用心把事情處置妥當就好了。

當牝馬遇到進退不定的困惑時，就必須遵守「先迷，後得主，利」的原則。凡是自作主張、擅自做主，便是「先迷」。奉命然後行事，才是牝馬的本分。具有這樣的內在美，當然是可以保持正固操守的良馬。只要順利完成任務，有始有終，不一定要有什麼成就感。「王事」是什麼呢？我們可以從「先迷，後得主」這句話來加以探究。坤在乾後，以乾為主宰。這裡所說的「主」，應該就是指天道。體天行道，才是最重要的大事，把它稱為「王事」，當之無愧。不論是人或是馬，都要具備這種「无成有終」的內在涵養。把功勞歸給上級，把自己的事情做好。實際上，想和上級搶奪功勞，再怎麼說也是徒勞無功，反而會引起上級的不滿，引來不必要的打壓。把功勞歸給上級，說不定還能換來一些嘉勉，至少能夠獲得上級的信任，對自己將更為有利。

坤 ䷁
2

六三，含章可貞，或從王事，无成有終。

三、四為人位，很容易「不三不四」，要特別小心提防。
六三居人位下層，剛剛獲得上級重視，
只可惜不當位，與上六也不相應，所以多凶險。
這時內在美特別重要，凡事切忌擅自做主，
必須要有命令才動作，獲得許可才執行。
只有完成任務的決心，不能奢望有什麼成就感。
把功勞歸於上級，或許可以分得一些獎賞。

忍辱、耐勞

四・括囊才能獲得无咎无譽

坤卦六四爻辭：「括囊。无咎无譽」。「括囊」是把囊的口收束起來，不使囊裡的東西掉出來。就好比我們的褲袋，一定要開口處較窄，而袋肚則較為深廣。因為開口較窄，放置東西時就不容易掉落。袋肚深廣，才能裝入更多物品。「括囊」的意思，其實是口風要緊，才能夠保守祕密。六四以陰爻居陰位，屬於當位，但是位於上下兩卦的相接處，下陰上陰，最好不求有功，但求無過。首先要做到的便是謹守祕密，不被用來充當組織中的廣播電台。

六四和六五非常接近，六五常常和六四討論一些事情。六五一方面想聽取六四的意見，一方面又害怕六四把聽到的訊息胡亂傳播，難免造成內部不安，甚至引起外界的誤解。於是，六五常常用測試的方式，故意對六四說一些子虛烏有的故事，而且只對六四一個人說，不對其他的人提起，用意在觀察後續結果如何，便可得知六四能不能保密到家。

一段時期後，如果外面的人開始傳播這些故事，六五不必追究，就知道六四很不可靠，從此再也不敢和他談論正事。反過來，還會利用六四當作廣播電台，透過他放風聲，以觀後效。相反的，如果一段時間後，那些子虛烏有的故事，完全沒有在外界傳播開來，六五可能會再試幾次，待確信六四守口如瓶，不會亂傳訊息後，便能放心地和他討論事情，甚至請他擔任機要人員，協助處理機密事宜。六四固然獲得信任，對外卻是默默無聞，既沒有什麼好的聲譽，也不致有什麼禍害，所以能夠「无咎」。但若是不知「括囊」，不守本分，極力想爭取名聲，那就不是「无咎」，而是「咎由自取」了。

坤 ䷁ 六四，括囊。无咎无譽。

2

六四是坤上的初爻，也是人位的上爻，
走完坤下，剛剛登上坤上，心懷戒懼。
六四與六五太接近，切忌口風要緊，守密為先，
若是口不擇言，胡亂傳播訊息，
勢必造成內部的不安，引起外界的誤解，
那就必然是有咎而无譽了。

守密

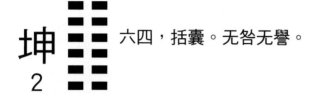

五・黃裳元吉表示大為得計

坤卦六五爻辭：「黃裳元吉」。五是君位，六卻是臣身。以臣身居君位，可說已是位極人臣。位於上卦的中爻，具有柔能得中的象，表示柔順得十分合理。承上啟下，都有良好的表現。就好比穿著黃色的衣裳一樣，和其他顏色的衣裳都能調和，不致過分對比或礙眼。「裳」是古代穿在衣服外面的長裙，現代稱為「裙子」。〈繫辭・下傳〉記載：「黃帝、堯、舜垂衣裳而天下治，蓋取諸乾、坤（兩卦的卦象）。」黃帝、堯、舜設置文物制度，垂下衣裳，採取無為而治的方式，結果天下太平，人民安居樂業。所穿著的衣裳，取象於乾、坤兩卦。乾為衣，坤為裳。「垂衣裳」的意思，是上衣下裳有別，象徵君主和臣下，必須講求倫理。黃色在紅、白、黃、黑、藍五種基本色之中，可以說是中間色，不像黑、白那麼對比，有相拒的感覺。也不如紅、藍那樣對抗，顯得不太融洽。「黃」表示六五的品德，「裳」代表六五的位置。「黃裳」的意思，是位置高貴而態度謙和，所以「元吉」，也就是大為吉祥。

古代的將相，是人臣最高的尊榮。坤卦〈象傳〉說：「黃裳元吉，文在中也。」「文」即紋，是文彩的意思。六五居上卦中爻，有如黃色那麼中和，所以說「文在中」，引申為才華在內，品德修養良好。最具體的表現，當然是對上忠誠，而對下信實。倘若不是這樣，就算穿著黃裳，恐怕也得不到「文在中」的好評，當然不可能「元吉」。牝（ㄆㄧㄣˋ）馬表現得如此神奇高明，實在是少之又少，可謂「名馬中的名馬」，更加大意不得。

坤 ䷁ 2

六五，**黃裳元吉**。

六五陰居陽位，以臣身居君位，當然不當位。
專業經理人，畢竟不如當家的老闆，
老闆可以換掉專業經理人，具有實際的權力。
將帥在外代表君王，返朝後照樣俯首稱臣。
黃裳元吉，最好無為而治，切忌功高震主。
承上啟下都能力求圓滿，自然元吉。

奔馳

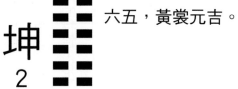

六．龍戰于野必然其血玄黃

坤卦上六爻辭：「龍戰于野，其血玄黃」。上六位於坤卦的最上爻，由於陰極生陽，相當於乾陽的「亢龍」。再好的馬，也只能飛快地奔馳，若是真的飛上了天，大家一定會把牠當成龍。而上位的龍，即為高亢的亢龍。

按照亢龍的特性，是不容許出現另外一條亢龍的。如果出現這樣的情況，就非發生劇烈的戰鬥不可。上六的作戰對象，並非坤卦內部的牝馬，而是乾卦的上九，屬於外界的戰爭，所以說「龍戰于野」，便是陰陽亢龍在野外作戰的意思。結果兩敗俱傷，都流了血。「玄」是天的顏色，陽亢龍屬天，流出來的血呈玄色；「黃」是地的顏色，陰亢龍屬地，流出來的血呈黃色。「其血玄黃」，兩種不同顏色的血混在一起，表示戰鬥相當慘烈，到了令人觸目驚心的程度。

〈象傳〉說：「龍戰于野，其道窮也」，「窮」為極，走到了極端的地步。坤卦上六，表示陰到了極點。原本只是初六爻的薄冰，現在變成了堅冰，果然証明「堅冰至」的時刻已經出現，於是觸犯了乾上九，兩者非戰不可。歷史上功高震主的功臣，往往是功勞愈大，死得愈快，這便是最好的明証。

在《易經》的道理中，陽是不能盡的，好比一個人陽壽已盡，那就是死亡了。只要一口氣還在，那就是陽氣未盡。我們常說：「最後一口氣很難嚥下去」，這就表示生存意志十分堅強。坤卦發展到了上六爻，幾乎沒有陽的餘地。這種無陽的狀態，對陽本來無盡的乾卦而言，根本違背了《易經》中扶陽抑陰的精神。相當於功高震主，完全不把陽放在眼裡，所以走上決戰之路，非戰不可！

坤 ䷁
2

上六，龍戰于野，其血玄黃。

奔馳是名牌汽車，也只能在道路上飛快行駛，
一旦飛上青天，大家便會認為那是飛機。
再好的馬，也只能夠在山頭上快速奔跑，
一旦飛上青天，大家都會說那是一條龍。
陰龍引起陽龍的注意，必然在野外決戰。
天龍流玄血，地龍淌黃血，一片玄黃，兩敗俱傷。
只要坤不把乾放在眼裡，必定是非戰不可。

戒亢

我們的建議

1 從「履霜堅冰至」當中，就可以引申出「見微知著」（看見任何細微徵兆，都不能輕易放過，必須用心推敲模擬出可能產生的後果和趨勢）、「防微杜漸」（設法把這些細微的不利因素加以清除或防堵，使其不致繼續滋生擴大）、「防患未然」（在禍患尚未形成之際，就著手進行防範工作）等重要的人生道理。

2 天性自然的率直、方正、大方，人人喜愛。若是經由學習而來的虛偽、造作、欺騙，必然人人厭惡。學習固然很好，但務必慎選學習的對象和內容，以免植入不良思想或是沾惹惡習，那就得不償失了。

3 內在美的具體表現，在於謹守本份，不擅作主張。凡事必先獲得上級許可，才能付諸實行。即使沒有功勞，也應該有始有終，用心把該做的事情從頭到尾認真做好。

4 受到首長的信任和賞識時，更需要保守祕密。知道的事情愈多就愈危險，抱持這種戒慎恐懼的心理，才是既沒有美譽，也不致犯下小過錯的有效保障。

5 好不容易位極人臣，更應該對君王忠誠，以免引起疑慮。對下不能驕傲、輕挑、蠻橫，否則小報告很多，終將造成不利的局面。對上也不能奉承、諂媚、討好，唯有真誠關懷、誠心誠意，才能確保「黃裳元吉」。

6 歷史上曾出現許多功高震主的案例。漢高祖殺韓信、雍正皇帝殺年羹堯，都是慘不忍睹的結局。我們最好能以史為鏡，凡事適可而止，千萬不要目無尊長，以免過分高亢，把自己逼到無路可走的局面。

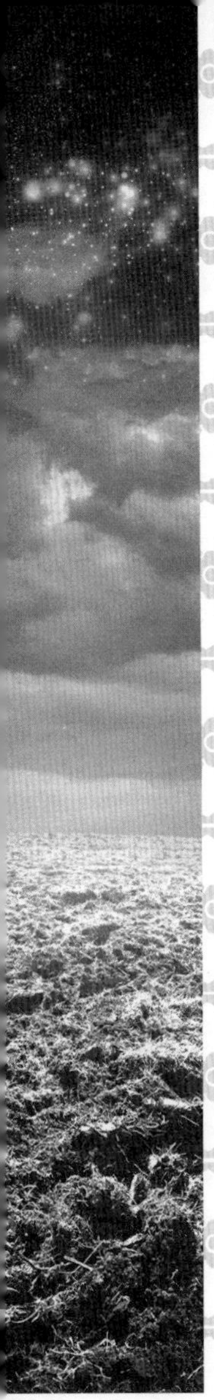

《第七章》

坤下坤上
有什麼不同？

龍戰于野，是大家都不想看到的結局，
所以最好能趁早培養出「无成有終」的良好心態。

永久保持合理的貞操，
才能確保坤卦得以真正大終。

若是不能「利永貞」，最好明白表現，
寧可當真小人，也不要做偽君子。

提防陰惡小人，原本就是自己的責任，
吃虧上當沒有人同情，一切都要靠自己。

有實力，明著搞革命，名正言順，
實力不足，也不能陰謀劫弒，此舉殊不可取。

時時提高警覺，慎防由極好變成極壞，
稍有歪斜、出軌，便應該及時加以調整。

一、无成有終避免龍戰于野

大多數人一輩子努力，到達六三的階段，也就是好不容易走完坤的下卦，便告老退休。有些人甚至在初六、六二的地道階段，就由於不夠道地，而被迫離開職場，不得不鋌而走險，或者不務正業。能夠順利走完坤的下卦，進入坤的上卦，不是一件容易的事。歷經種種磨練和凶險，還要心存戒慎，處處小心，才能獲得善終。可見慎始善終，是乾、坤兩卦的共同目標。從一開始的潛心修持，提高警覺，到最終的「亢龍有悔」和「龍戰于野」，都在描述人的一生所必須經歷的各種情境。

一個人除了培養高度的警覺性之外，最要緊的，莫過於自覺沒有功勞。警覺性的同義詞，便是懷疑心。凡是警覺性高的，就等於懷疑心重。我們認同警覺性，卻不喜歡懷疑心，這種思維實在不妥。特別是受到上級或他人的懷疑，便會覺得受到侮辱，其實這只是自取其辱。實際上，受到懷疑時，就是證明自己清白的大好機會，有什麼不好？自古以來，功沒過存便是不能改變的事實。大家只會記得我們的過失，很少有人願意承認、接受、記取我們的功勞。我們常說「不求有功，但求無過」，真正的意思，是不要存心求取功勞，因為這些虛名遲早不存在。我們應該謹慎小心，不要犯錯，以免被人家長久記住，往後不斷重複提起。偏偏這句話，硬是被有些人誤解，把它當作一種消極的態度，實在是不明事理。現代人要求成就感，也是不明白「有小成就往往很難獲得大成就；不在乎成就的人，反而常常出乎意料之外，獲得大成就」的道理。坤下坤上，具有不一樣的戒慎心態，最好用心加以體會，以求竟其完程而獲得善終。

坤

2

坤上	上六	⚋	究	（龍戰于野）	大成
	六五	⚋	壯	（黃裳元吉）	
	六四	⚋	始	（无咎无譽）	
坤下	六三	⚋	究	（无成有終）	初基
	六二	⚋	壯	（不習无不利）	
	初六	⚋	始	（履霜堅冰至）	

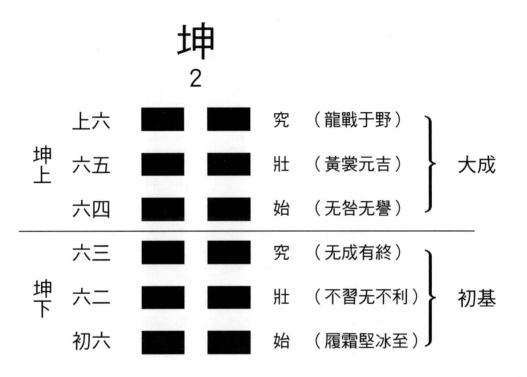

二、永久保持貞操最為可貴

乾卦有用九，而坤卦也有用六：「利永貞」。

「利」是適宜，「永」為長久，「貞」即保持貞操，也就是合理正當的操守。「利永貞」意指適宜於長久保持應有的貞操。

乾卦用九，指的是應用陽、運用剛、日用強；坤卦的用六，意思則是應用陰、運用柔、日用弱。六十四卦出現的陽爻，都是用九；顯示的陰爻，也都要用六。換句話說：用九不限於乾卦，用六也不限於坤卦，而是六十四卦通用。三百八十四爻，只要出現陽爻，便是用九；若是出現陰爻，即要用六。各有不同特性，最好明辨其差異性。

〈象傳〉說：「用六永貞，以大終也」。同樣是人，理應人人平等，憑什麼要採取柔順的態度呢？就算不是自貶身價，至少也有辱自己的身分。可見柔順的態度，必須是出於真誠，心甘情願地表現出來。倘若制式規定務必如此，態度一定要卑順、柔弱，就會引來很多虛偽、造作、欺騙的偽君子。剛開始或許還可以自我壓抑，但是久而久之，當積壓到再也無法忍受，一次爆發出來時，就會造成臣弒其君、子殺其父、妻毒其夫的不幸事件。

臣弒其君，當然不是「大終」。〈文言〉說：「坤至柔而動也剛，至靜而德方。」在平常狀態下，坤柔而乾剛，但是老子說：「天下莫柔弱於水，而攻堅強者莫之能勝。」我們常說柔能克剛，即使堅硬如銅牆鐵壁，也會被柔弱的水所衝破。地十分平靜穩定，然而一旦山崩地裂，後果也是非常可怕。如此說來，果然只有維持長久的柔順，保持合理的貞操，才能「大終」。

用六永貞，以大終也

- 上六：龍戰于野能否及時避免
- 六五：黃裳之內有否懷藏凶器
- 六四：保守祕密是否另有企圖
- 六三：有內在美是否真心誠意
- 六二：直方大是不是出於自然
- 初六：腳踩到霜提防變成堅冰

每一階段的柔弱卑順，都應該提高警覺，加以合理懷疑，以提防陰惡的詭計。

三・寧要真小人慎防偽君子

《易經》這本書，從頭到尾，都是用「道德」來貫穿的。如果不重視道德，不相信良心的力量，也不能加強自己品德修養的人，還不如不讀。以免讀了之後，增強危害社會人群的功力，徒然害人害己。在《易經》裡頭，經常出現「君子」和「小人」的字眼。「君子」是品德修養良好的人，小人則是見識很小、不識大體、日趨下流的人。但是，有陰就有陽，有真便有假；有真君子必然出現偽君子，有真小人也一定少不了假小人。

怎樣分辨「君子」或「小人」呢？首先聽聽他的觀點，然後看看他的朋友，瞭解一下他公餘做些什麼？讀哪一類的書？看什麼樣的雜誌？喜歡哪些資訊？又如何反應？常常標榜自己是君子的，多半都是假的，遲早會露出馬腳，讓大家看穿他偽君子的真面目。而毫不避諱表現出小人行徑的，反而是不虛偽、不造作、不欺騙的真小人，遠比那些虛偽造作，企圖矇蔽眾人耳目的偽君子可愛得多。

至於假小人呢？有時候是為了測試他人真假才故意裝出來的，有時候是為了規避責任有意如此，有時則是由於一時糊塗，無意間表現出小人的心態。真真假假，虛虛實實。無論是君子或小人，我們都應該用心明辨，提防混淆。

然而，人世間往往真假難辨，虛實不明。凡是一路忠實到底，或者一路欺騙到底的，實際上便是真的。忽真忽假，最好認定不是真的，比較保險。我們寧可面對真小人，也不情願遇到偽君子。偏偏偽君子遠比真小人多得多，所以用六「利永貞」，是十分重要的啟示。人不柔順則已，既然表現出柔順的態度，就務必長久保持，固守貞正。

- 君子（重視品德修養）
  - 真君子
    - 説的和做的一樣。
    - 言行一致。
    - 長久保持誠心誠意。
  - 偽君子
    - 説得很動聽，做起來完全走樣。
    - 言行不一致。
    - 有時真，有時假，捉摸不定。
- 小人（常常不憑良心）
  - 真小人
    - 好意歹意都表露無遺。
    - 不虛偽，不造作，不欺騙，卻不幹好事。
    - 讓人有所戒備，令人得以保持安全距離。
  - 假小人
    - 有時為了測試他人，故意裝小人。
    - 有時居於規避責任，不得不如此。
    - 有時糊裡糊塗，不明白這樣便是小人。

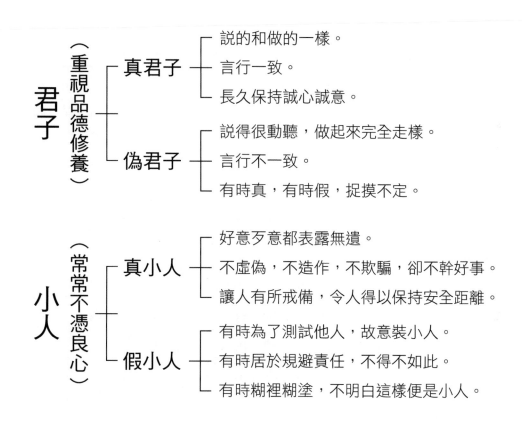

四・提防陰惡是自己的責任

坤卦初六，提示「履霜堅冰至」的道理，告訴我們：陰氣初集之時，水氣凝結成霜，一經朝陽照射便消失了，所以人們不以為意，認為不足以影響其行動力。而小人的行徑，就和這種情況十分類似。剛開始還不敢過分囂張，然而若不即刻加以取締、勸導、糾正，便可能像霜那樣，逐漸集結成堅冰。此時即使三令五申、嚴刑峻法，都很難再加以改變了。臣弒其君、子弒其父、妻殺其夫，都不是一朝一夕就突然發生的。〈文言〉說：「其所由來者漸矣，由辯之不早辯也。」意思是它所產生的原因，是平日所逐漸累積而來，由於不能及早明辨，沒有及時提防，總認為不會如此、沒那麼嚴重，所以才會發生措手不及的禍患。

讀《易經》者，若是不相信「積善之家，必有餘慶；積不善之家，必有餘殃」的道理，豈不是白讀？「積善」便是累積善德善行，一代又一代，常做好事，子孫必然獲得福報，稱為「祖上有德」。「餘慶」表示遺福，是祖先遺留給後代子孫的福氣。相對的，不善的惡言惡行累積下來，同樣也會遺留給後代子孫，只不過是惡報而非善報。人類在進入電腦化時代之後，一切速度都加快了，像這種善有善報、惡有惡報的因果報應，也同樣來得快速許多。

坤卦上六的「龍戰于野」，肇因於初六時沒有妥為提防，終於形成堅冰，於是陰極成陽，牝(ㄆㄧㄣˋ)馬變成亢龍，這才造成「其血玄黃」的悲慘結局。時時提防陰惡，原本是人人都應該注意的。提防小人，乃是君子的責任。在中國社會裡，通常吃虧上當的人，都只能鼻子摸摸自認倒楣，難以獲得世人同情，因為是自己不小心提防，又怎麼能怪別人呢？

履霜 →	堅冰至
剛開始是薄霜，	終於集結成堅冰。
凡事不慎始，	就很難善終。
積善之家，	必有餘慶。
積不善之家，	必有餘殃。
小不忍，	則亂大謀。
事先不預防，	屆時措手不及。
自己不小心，	怎能怪別人？

提防陰惡，人人有責

五、明著搞革命也不能劫弒

柔順必須出於自願，否則難以持久。不甘久居人下，自然心生反抗。有實力者便可能揭竿而起，明著搞革命。《易經》第四十九卦，澤火革卦（䷰），說的便是汰舊換新的道理。革命一定要有合宜的時勢，以及合理的智勇，並不是想做就可以做的。沒有實力卻忍無可忍的人，往往會做出陰謀劫弒的行為，使自己留下千古罵名。坤卦的用意，即在提醒某些奸臣，若是假借柔順的手段，取得君王的信任，然後又伺機弒殺，是十分殘酷的行為，殊不可取。

君子防不了小人，是我國歷史治少亂多的主要原因。我們常常把責任推給小人，口口聲聲：小人當道，君子難有作為；小人為所欲為，存心害死君子；小人不擇手段，君子縛手縛足；小人得意，君子早死……事實上，這些都只是藉口，拿來推卸責任，還過得去。若是當真，那就是自欺欺人了。尤其是現代社會，君子如果戰勝不了小人，我們還有什麼希望？君子必須用心體會坤卦的道理，一方面防止小人的惡行，一方面也揭穿小人的虛假面具。

初六小象說：「馴致其道，至堅冰也」，「馴」是漸次的意思，陰寒漸次長盛，勢必經由薄霜而結成堅冰。如何防微杜漸，成為君子必修的共同課程。初六的「履霜」，六二的「不習」，六三的「含章」，六四的「括囊」，六五的「黃裳」，上六的「龍戰」，都是順應時機的自然變化。有真的，也有可能是假的。君子用六，「利永貞」，是柔和，而非軟弱；是協調配合，而非諂媚逢迎。小人用六，表面上柔和順從，內心則是陰險不測。無論如何，君子都必須提防陰惡，勝過小人，唯有如此，人類社會才有光明的未來。

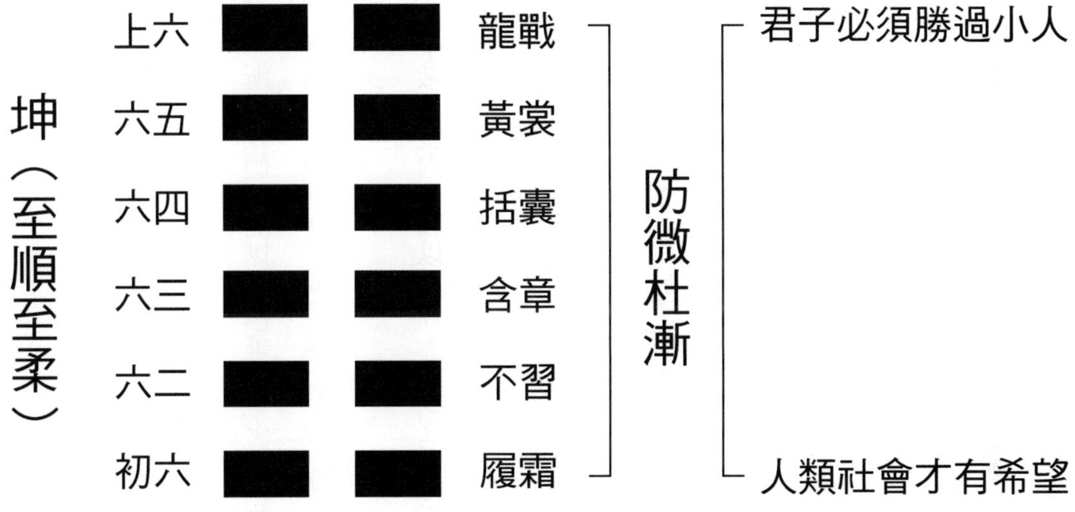
坤（至順至柔）
上六
六五
六四
六三
六二
初六
龍戰
黃裳
括囊
含章
不習
履霜
防微杜漸
君子必須勝過小人
人類社會才有希望

六、提防自己由極好到極壞

在學校裡品學兼優的好學生，畢業後不一定道德漸長，有的反而日趨惡劣。我們常說，社會大學的影響力，往往勝過學校教育。實際上，這是每個人自我心理調適問題，和社會或學校並沒有太大的關係。優秀的學生，成為優良的社會份子，這也是常見的現象，所以我們不能以偏概全，拿少數人的改變，來証明學校教育的無能。事實上，提防自己由極好變成極壞，是每一個人應盡的責任，後果也都必須自作自受。

〈文言〉說：「君子敬以直內，義以方外，敬義立而德不孤。」提示我們：君子應該效法地德，以恭敬持重來端正自己的心意，用正當適宜來規範外在的行為。恭敬、適宜，使美德廣博而不狹窄。六二爻所說的「直方大，不習无不利」，即是對自己的所作所為不必疑慮。

「不習」的反面，便是到處學習。由於不能慎選學習對象和內容，居然認為「新奇的便是好的」、「試一試也無妨」，加上自己的主管也求新求變而加以讚賞，於是乎變本加厲，忘記了地道（坤道）「无成有終」的道理，然後又不知「括囊」的謹慎美德，終於逼使自己由極好轉成極壞，甚至乾脆一不做二不休，走上陰謀劫弒的窮途末路，可謂自取其咎。

用六「利永貞」，看起來十分簡單，實際上坤卦六爻皆陰，每一爻都應該記取此一法則，才能持之以恆，真誠有效。任何一爻，若是不能長久保持合理貞操，都將引起內心的矛盾、衝突，甚至產生受辱的感覺，因而懷恨在心。這時，倘若不能及時加以調適，恐怕就會做出叛亂變節的行為了。

上六 ⚋ 龍戰：造反不成，總比不造反來得有骨氣。

六五 ⚋ 黃裳：穿著黃裳，準備陰謀劫弑。

六四 ⚋ 括囊：利用所知的機密營私舞弊。

六三 ⚋ 含章：認為偽裝功成不居更能獲得賞識。

六二 ⚋ 不習：到處學習，認為新的便是好的。

初六 ⚋ 履霜：用腳踢開，毫不在意，並無警覺。

最好 → 最壞

我們的建議

1 坤下比較容易做到，坤上更難以實現。六三多凶，六四多懼，必須特別謹慎小心。初六「履霜」，造成上六的「龍戰于野」，往往是始料不及的事情，最好能夠提高自己的警覺性。

2 天生自然的率直、方正、大肚量，才顯得真誠可愛。經由後天學習而來的，不是徒有形式、只做表面，便是存心不良、另有企圖。上述兩者的差別必須用心明辨，避免以假亂真，掉入虛情假意的陷阱中難以自拔，悔之晚矣！

3 「聽聽看，沒有關係」，這句話對定力夠的人而言，當然是對的。但是一般人定力不足，又喜歡求新求變，往往聽到新奇的言論，就認為是好的。最好能時時提醒自己：判斷力不足，最好不要亂聽亂學。年少慎擇師，千萬不要開自己的玩笑！

4 「口風緊，不隨便傳播所知道的訊息」，這件事說起來容易，但能做到的人並不多。一不小心，便被人利用當做廣播電台。當訊息愈來愈多的時候，必須提高警覺，小心自己是不是被利用了？

5 位置愈高，愈要擔心跌得更重。穿著黃裳，表示地位崇高，已經不能輕舉妄動，稍有不慎，勢必跌得頭破血流。一生的奮鬥，到了這樣的地位，最好能適可而止，知足常樂，以免晚節不保，還要遺害子孫。

6 「龍戰于野」，是「履霜」時想像不到的可怕結果。那時候年少無知，再怎麼樣也想不出「堅冰至」是陰轉陽的同義詞。讀了坤卦之後，應該會有更深一層的體會，對自己的言行大有助益。

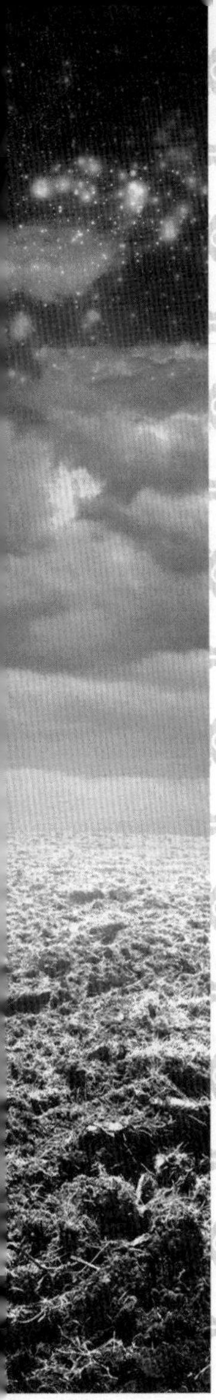

《第八章》

乾坤
為何要合起來看？

《易經》的第一卦，應該是乾坤兩卦，
因為易學的門太大，所以必須分成兩扇。

初九和初六，都是做好準備才能行動，
九二和六二，都是所處環境比較有影響。

九三和六三，都是人道的開始，
慎防遭受各方面打擊，最好謹慎小心。

九四和六四，多懼又容易造成禍患，
最好堅持保守祕密，等待時機向上跳躍才安全。

九五和六五，都已經來到人間的頂點，
必須適可而止，保持謙虛和適度的關懷。

極陽成陰，而極陰也會成陽，
亢龍不容挑戰，勢必兩敗俱傷。

一、易的大門共有乾坤兩扇

〈繫辭・上傳〉記載：「乾坤其易之縕邪？乾坤成列，而易立乎其中矣！」「縕」字和「蘊」相通，表示易學所蘊含的精髓，即為乾坤。「成列」是對待排列的意思，好比兩扇大門，並列在一起。易學的門戶太大，單扇不敷使用，所以乾坤兩扇大門並列在一起。《易經》的六十四卦變化，都確立在其中了。

我們說乾卦是《易經》的第一卦，似乎應該有所修正。乾坤都是《易經》的第一卦，好像更加符合實際情況。

〈繫辭・上傳〉接著說：「乾坤毀，則无以見易。」乾坤這兩扇大門，只要毀掉其中一扇，易理就說不通，易學便不見了！

陰陽是一體的兩面，乾卦象徵陽，坤卦代表陰，缺一不可。陰陽不可分，所以是一；陰陽各有特性，因此又可看成二。這種正反兩面合成的一元，既不是「一元」，也不是「多元」，所以我們特別把它稱為「一之多元」。

說乾坤是一個大門，卻又可以分成乾、坤兩扇。大門分成左右兩扇，即為乾坤並列，所有生命都在其中活動。

乾坤代表正反兩向。這正反兩向，又各有正反。正的正反，表現為「乾健坤順」；而反的正反，表現出「陽善陰惡」。只有乾的陽剛，可能變成剛愎自用；完全採取坤的柔順，又可能過於消極，萎靡不振，甚至有陰謀劫弒的可能。

我們讀《易經》，最好能把乾坤兩卦並列，互相對照、彼此互動，以免顧此失彼，滋生弊端。有智慧的人，凡事合起來看，不分開來想。我們可以從乾坤兩扇大門著手，多加體會。乾坤既是一，又是二，所以說是「一而二，二而一」。

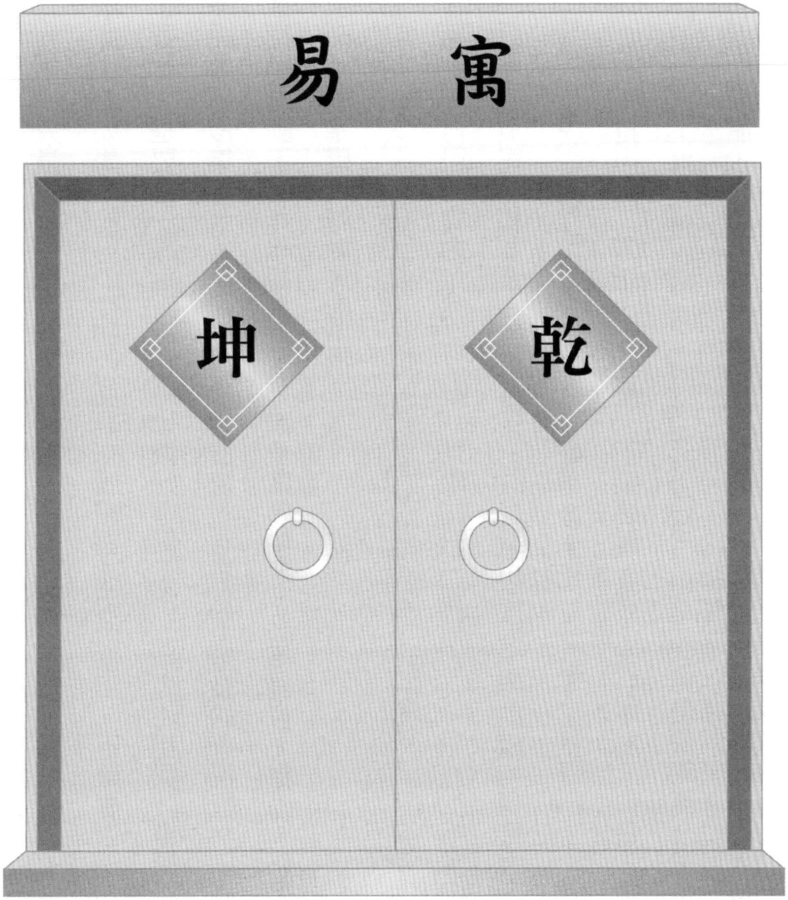
易寓
坤
乾

二、地道二爻都在練基本功

如果看到初九爻辭「潛龍勿用」，就真的潛沉下來，什麼事情也不做，根本違背自強不息的乾德，不配稱為龍。

「勿用」只是暫時勿用，不可能長久不用。不用、不用，還是要用。這時候當龍不成，不如學學牝馬。從初六爻辭「履霜堅冰至」當中，不難醒悟「勿用」的真正意思，是要人「謀定而後動」。做好準備工作，預先將相關計畫擬訂好，把所需的器物搜集齊全。最好能夠沙盤推演，看看是不是真的有把握？以高度的警覺性伺機而動。初九和初六兩爻，都是準備功夫，必須確實、穩固、堅牢，打好一生的事業基礎，絲毫馬虎不得。

初九和初六，都還在地面下，尚未展現出實力；九二和六二，居於地道上爻，逐漸展露自己的實力。九二爻辭「見龍在田，利見大人。」九二不當位，需要九三（頂頭上司）和九五（機構首長）的賞識和提拔，所以說「利見大人」。六二當位，表示所處的環境，比九二好得多。六二爻辭「直方大，不習无不利。」只要秉持率直、方正、大肚量、不染惡習，就不至於不利。但是，這是牝馬的行事風格，畢竟和龍不同，所以要自己想一想，究竟是要成龍？還是要做馬？若是想成龍，僅憑「直方大」是不夠的，還必須進一步率直而不失妥當、方正卻能夠圓通、大肚量還得以堅持正道，才有成龍的可能性。設想，不能獲得上級的賞識和提拔，又當如何？這才是自強不息的精神。無論如何，都應該把基本功練好，不斷充實自己，加強品德修養。在進入人道之前，先深入瞭解人性，明白倫理，改善人際關係，以便能在職場中好好修養自己的德行。

乾 （龍）		坤 （馬）
九二：見龍在田，利見大人。 初九：潛龍勿用。		六二：直方大，不習无不利。 初六：履霜堅冰至。
（優先） （做龍不成）	→	（兼顧） （先把馬做好）

三・人道二爻充滿險惡戒懼

乾卦用「龍」，坤卦用「馬」，影響所及，讓炎黃子孫十分重視「龍馬精神」。其真正用意，應該是各人衡量，究竟自己是「龍」還是「馬」？倘若人人都是龍，滿天騰飛，地上的工作誰來承擔？望子成龍，固然是父母的期望，屬於人之常情，然而面對現實，仍然要固守本分。是龍，就該扮演好龍的角色，否則安心做馬，又有什麼不好？地道的龍，其實和馬差不多。在進入人道之後，就要拉開距離。九三當位，爻辭「惕」，得到好機會，占著好位置，再不加強警惕，怎麼對得起自己？六三不當位，爻辭「含章」，盡量表現內在美，不要爭名奪利，才能長保平安，這時龍和馬的處境顯然不一樣。乾下坤下，龍和馬的功能相去不遠，千里馬飛奔起來，和龍一樣神氣；然而乾上坤上，天地之間的距離逐漸加大，龍和馬的功能，也將出現很大的差異。

九四爻辭「躍」，六四爻辭「括囊」，兩者差別有多大，一目瞭然。九四不當位，卻由於九三的高度警惕，做好萬全準備，即使不能一躍而登上龍門，掉入深淵，仍有備位的機會，所以无咎，也就是不致於發生什麼差錯。

六四爻辭，明白指出「括囊」或「不能括囊」，後果相去很遠。「括囊」才能无咎，卻仍然无譽。若是不能「括囊」，恐怕不但咎由自取，而且還有受冷落、被改調的不幸後果。六四當位，卻由於下陰上陰，重陰固結，能跑就不錯了，哪裡敢躍？人道充滿凶險和戒懼，龍比較容易翻身，馬就困難重重了！這時不安分恐怕也不行，請以平常心看待龍和馬。

乾

（龍）

九四：或躍在淵，无咎。

九三：君子終日乾乾，
　　　夕惕若厲，无咎。

（是龍就飛躍）

坤

（馬）

六四：括囊。无咎，无譽。

六三：含章可貞，
　　　或從王事，无成有終。

（是馬請安分）

平常心看待

四．天道二爻慎防過與不及

到了天道，龍和馬的差別更大，簡直不可同日而語。馬若是飛到天空中，大家一定會認為是龍，想當馬也不成；龍若是戰敗，墜落在地面，即使苦苦哀求想要做馬，大家也不會同意。無論如何，不會把牠當做馬看待。

九五當位，飛龍在天，能興雲施雨。我們把九五之尊，視為天子的位置，擁有極大的權勢，一般人不容易見到。而貴為天子，他也不應該接見普通的人。「利見大人」的意思，是接近有作為的真龍，尋找可靠的接班人。

六五不當位，「黃裳元吉」，表示只有協調權，而沒有最後的裁決權。就算協調權也是首長給的，隨時可以收回，最好不要功高震主，以免遭受罷職，甚至於性命難保。

同樣居於高位，為什麼差這麼遠？愈是高階幹部，才愈明白老闆是唯一有生殺大權的人。龍和馬，在地面上差不多，有時候馬還可以跑得快一些，特別是龍被困住的時候。倘若有朝一日龍飛上高空，馬就只有抬頭仰望的份了。

上九「亢龍有悔」，下場很難看，想討饒也沒人理會，想回頭做馬也做不成。上六「龍戰于野，其血玄黃」，結局更為淒慘，明明是馬，卻被當做龍來打鬥。尤其是在高空中，當然只有挨打的份，血流不止，是必然的後果。

「亢龍有悔」、「龍戰于野」，都是表現太過頭所招來的禍患。初九和初六，可能產生不及的現象，以致有良好機會也不敢把握；上九和上六，則是做過頭、太過分了。我們追求中道，不喜歡「過」與「不及」，也大多不敢「過」與「不及」，應該是從易理中所領悟到的寶貴教訓。

乾
（龍）

上九：亢龍有悔。
九五：飛龍在天，利見大人。

（適可而止）
（過亢即有悔）

坤
（馬）

上六：龍戰于野，其血玄黃。
六五：黃裳元吉。

（知足常樂）
（過分便流血）

五、初至六爻各有不同特性

〈繫辭・下傳〉說：「六爻相雜，唯其時物也」，意思是每一卦的六爻相互錯雜，都在反映特定的時宜和物象。接著說：「其初難知，其上易知，本末也。初辭擬之，卒成之終」，說明其中初爻的意義較難知曉，上爻的意義則較為明白，因為初爻反映的是事物根本，而上爻反映的是事物末端。初爻的爻辭比擬事物的起始，最後完成於終結的上爻。「初難知，上易知」，各卦情況大致相似。

乾卦初九和坤卦初六，究竟顯示是龍是馬？是龍現不現得出來？是馬能不能不染惡習？剛開始都還很難看得出來。一個剛出社會的年輕人，這一生會有什麼樣的成就，恐怕有待他自己的努力奮鬥，並不能一下子就加以判定。

乾卦上九和坤卦上六，爻辭中明白表現出「有悔」和「龍戰」，都是兩敗俱傷的結局，十分清楚地告訴我們：凡事應當適可而止。

各卦的中間四爻，大致上是「二多譽，四多懼，而三多凶，五多功」。二、四爻具有陰柔的功能，二爻居下卦之中，所以多有稱譽；四爻靠近五爻，因此多懼。三、五爻具有陽剛的功能，五爻居上卦之中，所以歸功於他；三爻相當於上卦的初爻，剛剛準備進入新的境界，因此多凶。

乾卦九二「見龍」，坤卦六二「不習」，都能獲得美譽。九四「或躍在淵」，六四「括囊」，雖然都能无咎，卻實在多懼。

乾卦九五「飛龍」，坤卦六五「黃裳」，顯然多功。九三日夜警惕，六三「含章、无成有終」，當然多凶。同樣是三、五爻，陽剛的爻常因為勝任而獲得吉祥，陰柔的爻通常將有危險，必須小心戒備。

乾 1		坤 2
上九	上易知	上六
九五	五多功	六五
九四	四多懼	六四
九三	三多凶	六三
九二	二多譽	六二
初九	初難知	初六

初、三、五爻，
陽爻居陽位，
通常較吉順。

二、四、上爻，
陰爻居陰位，
較容易避凶。

六、由動入深顯到靜代循環

前面說過，乾下初至三爻，是始（潛）、壯（現）、究（惕）的初基。乾上四至上爻，為始（躍）、壯（飛）、究（亢）的大成。若是乾下乾上連貫起來，就成為「動、入、深、顯、靜、代」六大階段，代表整個過程的持續演化狀況。

乾卦初九「潛龍勿用」，是一種始生的狀態，潛在地下，不能靜止，一定要動，才有機會出現在地面。勿用表示不能隨便亂動，卻應該伺機而動。坤卦初六「履霜」，也是始生的初動，否則連霜都踩不出來。始生初動，是一切的開始。

乾九二「現龍」，坤六二「不習」，進入陰陽化合的階段，稱為「入」。不進入地面，怎麼能夠產生陰陽化合的作用？

乾九三「惕龍」，坤六三「含章」，深刻體會人間的凶險，各種關係逐漸稠密。屬於「深」的階段，務必格外謹慎小心。

乾九四「躍龍」，坤六四「括囊」，已經身不由己，勢必顯現於外界而無所隱蔽。來到「顯」的階段，要經得起嚴格考驗。

乾九五「飛龍」，坤六五「黃裳」，應該止息固定，知足常樂。保持「靜」的安詳狀態，不論是龍是馬，都必須服老才好。

乾上九「亢龍」，坤上六「龍戰」，都進入交替更換的狀態，稱為「代」。意思是代代相傳，終於快要被取代了。

宇宙、人生、事物的演變歷程，實際上都由動開始，然後進入陰陽化合的入態。接著深刻稠密，然後顯現於外。龍馬有了名氣，自然為大眾所注目，非顯不可。衝刺一段時期，到了合適的位置，最好能安靜下來，以期適可而止。因為江山代有賢人，後浪必然要推前浪，有所交代就好。

乾 1			坤 2
上九	代	交替更換	上六
九五	靜	止息固定	六五
九四	顯	顯現於外	六四
九三	深	深刻稠密	六三
九二	入	陰陽化合	六二
初九	動	始生初動	初六

我們的建議

1 研究易理，最好按照《易經》的思維法則，把陰陽合起來看，不要分開來說。乾坤兩卦並列，要並排在一起，合起來看，才能夠真正瞭解其中的用意，以免造成混淆或扭曲。

2 龍馬都很了不起，對人群社會的助益很大。望子成龍，應該包含著「當好馬也不錯」的概念，符合「取法乎上，得其中」的法則。不必堅持非成龍不可，才不致僵化。

3 馬飛得上天，大家都認為是龍，根本用不著擔心。馬飛上天，即為天馬行空，和龍沒有兩樣。龍潛了許久，顯現在地上時，又沒有什麼作為，飛不上天，和馬有什麼不同？龍可以變馬，馬也能夠變龍，全都由自己決定。

4 既不放棄，也不執著，嘗試著走出第一步，先不急於選擇做龍或做馬。走著走著，龍馬的分野就會逐漸明朗化。這時候安分守己，知足常樂，便是對己有利，對社會也有益的抉擇。一開始就放棄，違背「初難知」的原則，未免自暴自棄。而在經歷二爻、三爻之後，應該就會逐漸清楚自己的能力與志向，能夠好好下決定。

5 龍處於二、四、上爻，由於不當位，務必格外小心；馬處在初、三、五爻，同樣不當位，也應該特別謹慎。龍馬各有難處，各有一本難唸的經，用不著羨慕別人。

6 乾為龍、坤為馬，只是一種虛擬的假設。改以其他事物來模擬乾、坤各爻的變化，只要說得通都可嘗試，此即《易經》廣大的包容性和靈活的變通性。

《第九章》

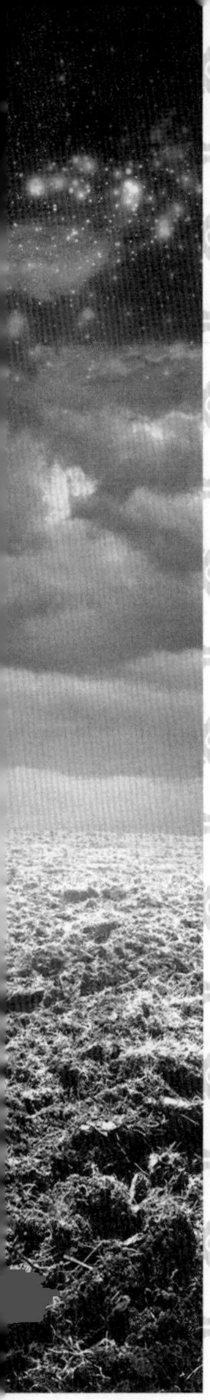

定乾坤

為何十分重要？

乾坤設位，表示人有高度自主性，
可以替天地定位，也為夫婦定位。

乾坤定位，則是定位以後不能胡亂更改，
大家遵照定位做人做事，較為妥當。

夫婦定位，對人類社會至關緊要，
影響到父子、君臣、兄弟、朋友的定位。

夫婦形體，雖有不同，但精神則相同，
男女平等，也不要忘記具有不同的性質。

現代婦女好不容易從舊社會中得到解放，
最好不要忽略女性生育和養育子女的特性。

現代男性最好自我調整心態，
現代化乾坤，合理的定位最為要緊。

一・乾天坤地產生密切關係

《莊子・秋水篇》說：「計中國之在海內，不似稊米之在大倉乎？」中國的領土這麼廣大，然而在四海之內，卻只不過像是小米在大倉庫裡一樣。他推論天地在宇宙中，也和一粒小米差不多大。天地稊米，十分符合現代科學的說法。

我們普遍認定天地無私，天和地一樣，都公正無偏私。我們說「天公」，實際上也包含「地婆」在內，都很公正。為什麼說「天公地婆」呢？因為天地判合，陰陽結合成為夫婦。所以「天地乾坤」，常常被引申為人間的夫婦關係。

天公地道、天長地闊，乃是正常現象，但偶爾也會天昏地暗，彷彿又回到混沌未開的無極狀態般，令人心慌意亂。

夫婦最好能夠天長地久，維持良好的婚姻真情，一直到天荒地老。而不是此恨綿綿無盡期，巴不得彼此天南地北，拉長距離。就算天崩地塌，也不覺得天旋地轉。

天涯地角，表示在天之涯，在地之角，相距十分遙遠。天清地謐，形容天地清明，國泰民安。天地良心，指做人做事應該憑良心。天經地義，告訴我們至為公正、不能變易的常道，也就是永久不能改變的生活法則。天造地設，才是自然孕育而成的事物。天寒地凍，則是氣候酷寒。天誅地滅，大多用來對天發誓。天翻地覆，產生極大變故。天羅地網，那是防範嚴密，沒有人逃得掉。

在這麼多關係之中，我們最重視的是夫婦關係。易學是以人為本的，而人倫的起點便是夫婦。沒有夫婦，就不會有父子，不會有兄弟，也不會有君臣、朋友，所以夫婦關係至關緊要。

天地的多種關係

天地稊(ㄊㄧˊ)米：天地在宇宙中，有如一粒小米。

天地無私：天公、地婆都十分公正。

天地判合：天地乾坤，有如人間夫婦。

天公地道：和天長地闊一樣屬於正常現象。

天長地久：夫婦百年好合。

天昏地暗：好像回到混沌未開的無極狀態。

天荒地老：長長久久，沒有盡期。

天南地北：和天涯地角一樣遙遠。

天崩地塌：和天翻地覆一樣可怕。

天經地義：不能變易的生活法則。

以夫婦關係最為重要

二、文王定乾坤向紂王進諫

〈繫辭・上傳〉，開宗明義就說：「天尊地卑，乾坤定矣」。放眼望去，天高高在上，人必須仰首對空觀看，顯得很有尊嚴；地被我們踩在腳下，看似卑微，卻十分實在。乾上坤下，天和地的位置，是自然形成，而不是人所能定的。

相傳卦辭是由周文王訂定，所以我們最好能站在文王當時的情境，來加以理解、體會。那時候的天下，是由商朝的紂王所統治。

紂王好大喜功，力大無窮，貪圖享受，而且又生性殘暴。他想出許多令人髮指的可怕刑罰，企圖以強大的暴力控制整個國家。他聽說姬昌（後來的文王）很賢明，且深得民心，所以覺得十分不安，便找了一個莫須有的罪名，把姬昌關在羑里，長達七年的時間。姬昌的大兒子伯邑考向紂王求情，卻被紂王最寵愛的絕色美人妲己看上，要求紂王把他留在宮中。日後，妲己伺機色誘伯邑考，但伯邑考不為所動，甚至還怒罵妲己無恥。妲己因此惱羞成怒，誣告伯邑考欺負她，於是紂王便下令將伯邑考剁成肉醬、煮成肉羹，送給姬昌食用。

在這種情況下，姬昌雖然悲痛憤怒，但也不敢輕舉妄動。他在獄中，藉著撰寫《易經》的卦辭，想要趁機諫告紂王。因為他知道自己的一舉一動，必然會有人向紂王報告。若是將所作卦辭呈給紂王閱覽，或許可以收到一些效果。

天尊地卑，乾坤定矣。當年紂王寵愛妲己，導致夫婦這一倫不正常，才弄得天下大亂，人心惶恐。倘若乾坤定位，恢復母儀天下的功能，自然能夠天下太平。文王言不由衷，實在是有說不得的難處，所以這才借題發揮，希望能有機會促使紂王回心轉意，以拯救黎民百姓於水火之中。

商紂王暴虐無道，
寵愛妲己，迫害忠良。

假借寫卦辭、定乾坤提出忠諫。
「天尊地卑，夫婦倫常不可失」，
暗諷妲己不守倫常分際，為非作歹。

姬昌（周文王）被囚禁在羑ㄧㄡˇ里長達七年的時間。

三、由天地設位到乾坤定位

〈繫辭・上傳〉提出「天地設位」的概念，說：「天地設位，而『易』行乎其中矣」，意思是天高地卑的地位，是可以由人來設定的。一旦訂定下來，《易經》的道理，就運行於天地之中了。實際上文王的後天八卦，和先天八卦比較起來，乾坤的位置並不一樣。然而，設位時能夠自主，定位之後就不能再任意修改，以免引起大家的困惑和懷疑。

乾坤定位，被引申為「夫婦之道」。往昔，女子接受文字教育的機會，和男子相較之下少得可憐。女子的謀生能力既不如男子，出外就職的可能性也很低，只好專司家庭勞務，成為專職的家庭主婦。再加上〈易傳〉所說的「天尊地卑」，被曲解為男尊女卑，造成兩性的不平等，因此夫婦的定位，確實有很多不合理的地方。現代智識普及，男女接受教育的機會均等，至少已經不相上下。男女兩性可以同在社會上從事各種職業，共同為社會人群創造幸福。男女平等，應該成為現代社會的共識。舊日的乾道（為夫之道）和坤道（為婦之道），實在不應該再持續分開來看，而是應該合起來想。

我們認為：《易經》的智慧，必須合起來想，不應該分開來看。可見長期以來，由於種種不良因素的阻礙，我們把乾、坤兩卦看得不夠深入，也不夠透澈，才會產生種種扭曲與誤解。導致乾坤錯亂，始終不能走上正道。

當前人類社會的種種問題，固然是由很多原因所造成，但探究其根本所在，則肇因於乾坤不正，夫婦關係有失正常所致。連帶父子、君臣、兄弟、朋友的關係都出了問題。人類要自救，請先從端正夫婦關係著手。

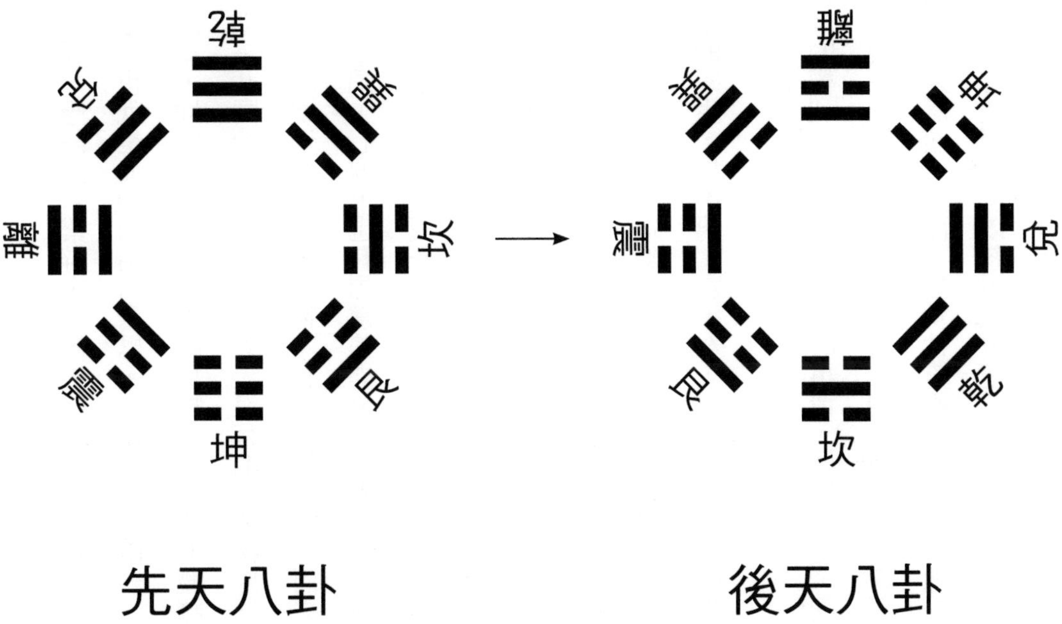
乾
兌
巽
離
坎
震
艮
坤
離
巽
坤
震
兌
艮
乾
坎
先天八卦
後天八卦

四．夫婦形體雖殊精神相同

理想的乾坤關係，應該是〈繫辭．上傳〉所說：「乾知大始，坤作成物」，「大始」便是太始，也就是最初創始的意思。「知」和「作」，都是作為，乾的作為是開始創造萬物，坤的作為在孕育生成萬物。天地的形體雖然不同，為萬物提供最佳服務，則是共同的理想和精神。有天沒有地，萬物無法生成；有地沒有天，萬物無從創造。必須天地合作，萬物才有創生的可能。而夫婦也是如此，男女不但生理上有所不同，心理上也有相當差異。一般來說，女性的感情，比男性要純潔，更容易率直坦白地表現真正的內心。中學生時代，不但男女有不一樣的性徵，而且興趣也不相同。男生比較喜歡抽象的思慮、哲學的認知；女生則更為重視實際生活的需要，透過直接與生活有關的事例，來從事理論性的思索，比較容易引起女生的興趣。然而，現代教育體制中，學校不分男生、女生，都採用共同的課本，考試時也採用一致的命題，基本上便違背了乾坤的自然法則，十分不合理。難怪教出來的學生，男不男、女不女，變成不男不女的中性人，造成很大的社會問題。

男女享有平等的權利，這是天經地義的事情。好比天地，同等受到人類的敬愛和尊重。當我們說「天」時，必然包含有「地」在內。「謝天謝地」，更是我們經常掛在嘴邊的共通話語。然而，男女性質不同，有如天地的功能不一樣，這也是不爭的事實，不容任何人加以忽視或否定。男女同權不同質，才是我們研究夫婦之道的共同起點。從夫婦「形體不同但精神相同」為出發點，來尋求如何建立正常夫婦之道的方法，可說是最為合理而有效。

乾知大始，坤作成物

天地的形體不同，功能不一樣，
為人類服務、為萬物造福的精神卻是一致。

↓

男女平權，卻不同質

夫婦在生理上、心理上都有所差異，
共同為家庭分工合作的精神則必須一致。

五・現代婦女所處特殊環境

現代婦女，終於從長久以來受到輕視、男尊女卑的不平等待遇中獲得解放。相信現代人不分男女，對這種從不平等而趨於平等的改變都十分認同，感覺理應如此。

社會上職業婦女日漸增多，在生育、教育子女等層面，產生了很大的衝擊。有很多已婚女性，由於擔憂對工作造成妨礙，於是便設法不生育子女。往昔提倡婦女解放運動的人，只不過主張婦女應該擁有工作權利；現代女權運動者，更把重點擺在男女就業平等上面，實在違反了自然法則。因為只有女性能夠生男育女，男性則是想生也生不出來。女性為了工作不生孩子，先決條件必須是男性也能夠生男育女。否則，男性不能生育，女性不願意生育，雖然說現代人口眾多，少生幾個似乎沒什麼大不了的，但再過不了多久，便會出現人口老化，兒童大幅減少的現象。先是小學減班，然後中學減班，繼而大學也招生不足……到時候就算再著急，再想設法挽救，恐怕也都來不及了！

有愛心的婦女，排除萬難完成生男育女的任務，這時，也請不要忽略子女的教育問題。不少家長相信所謂的「早期教育」，提早把子女送給專家教導。實際上，最重要的幼兒教育，應該是家庭中雙親所給予的身教與言教。特別是母親陪伴著孩子長大，對子女的人格發展至關緊要。現代常見雙薪家庭父母上班工作，將子女委託給上一輩的祖父母教導，結果往往由於過分寵溺，而製造出許多嬌生慣養的小霸王，將來長大成人，會產生什麼樣的社會效應？大家應該心知肚明。

衷心期盼現代婦女能夠體會男女「同權不同質」的道理，在生育子女、教養子女的天職上多費一些心，也多盡一點力。

男女同權	卻不同質
工作機會平等， 就業能力平等。	女性能生男育女， 男性想生也生不出來。
男女都有工作收入， 賺錢帶來快樂和滿足。	母親無法用金錢和時間， 來衡量自己的神聖任務。
父母都可以教養子女， 陪伴子女成長。	幼兒特別需要媽媽， 父親無法哺餵母乳。

六、現代男性也要調整心態

往昔大家庭生活，男性受到特別的保護，可以放心地和比自己年紀稍長的童養媳結婚生子，仍然得以維持一家之長的地位和尊嚴。當時女性所受的文字教育並不多，僅能操持家庭勞務，對外界所知相當有限，又不方便拋頭露面，以免引人非議。此外，家中財產大多只傳子不傳女，甚至連技藝、武術也都是如此。在這種情況下，男尊女卑和男主外、女主內等觀念，在當時蔚為社會風氣，人人似乎都覺得理所當然。

物換星移，在今日社會裡，男女平等觀念已經深入人心。不但奉為國家政策，還明訂法律加以推行。如此一來，男性不再像昔日那樣，受到特別保護，且為了因應現實生活需要，普遍是由兩個年輕人自組小家庭。新郎的年齡，就算稍長於新娘，但由於女性成熟較早，以致小家庭當中，表面上丈夫和妻子相敬如賓、互相尊重，但實際上大多是以女性為主，男性不得不俯首稱臣，自嘲「怕太太的才是大丈夫」。往昔以男性為主，高喊「男不與女鬥」，具有保護婦女的作用。而現代女性卻沿用這種法則，反過來治理男性。晚近更加上一頂「性騷擾」的帽子，隨時可以加諸男性身上。女性隨便擁抱男性，伸手就拍，順手便撫，男性若是大叫「性騷擾」，恐怕也會傳為笑話。乾綱不振，是現代男性必須深切反省的課題。從幼稚園開始，一直到小學，老師大部分都是女性，現代又實施男女同校，對男性的成長，構成了極大威脅。柔性化、女性化，簡直毫無男子氣概可言。學校重視考試，男生成績比不上女生……種種因素，都對男性十分不利，若是再不爭氣，未來的男人想成為什麼樣的人呢！

往昔	→	現代
重男輕女。		男女平等。
男性受到特別保護。		女性格外受尊重。
大家庭對男性有利。		小家庭大多以女性為主。
男不與女鬥，		男不與女鬥，
重點在保護女性。		方便女性整治男性。
男人有氣概，		男人女性化、柔性化，
女人溫柔體貼。		女人可柔可剛。
不夠合理的男女關係。		不夠正常的男女關係。

我們的建議

1 天地關係至為密切，彼此根本不能分開。有天沒有地，有地沒有天，都無法發揮其應有的功能，對萬物的生長非常不利，簡直沒有創造、生長、發展的機會。

2 乾坤定位，是由乾坤設位著手，就表示乾坤必須定位，但是怎樣定位？則是可以商量，而且還應該好好商量之後，才下決定的。然而，一旦決定之後，大家就要欣然接受，不能胡亂加以改變，以免天崩地裂，弄得天昏地暗，造成不幸的禍患。

3 乾坤定位引申為夫婦、父子、兄弟、君臣、朋友，都必須正常配合，否則勢必引發爭執、衝突，甚至於彼此傷害。其中，夫婦關係特別重要，必須用心經營，以求家和萬事興。由夫婦而影響及於其他關係，幾乎難以避免。

4 夫婦雖然形體不同，但是對於家庭的觀念，最好能夠取得一致。男女應該平等，然而彼此性質不同，也不宜忽視。同權不同質，雙方都要冷靜地互相瞭解，力求謀和。

5 往昔重男輕女的觀念，對女性很不公平。而現代男女平等，雙方都應該調整心態。女性不能忽視生育和養育子女的天職，男性也不能把這種責任完全交給女性，只做一名旁觀者。

6 現代盛行小家庭，對女性十分有利。「男不與女鬥」的現代新解，其實是丈夫根本鬥不過妻子。在面對這種現代化的不平等待遇時，男人更應該特別爭氣，要讓自己更像個男子漢，才會活得有價值、有意義。

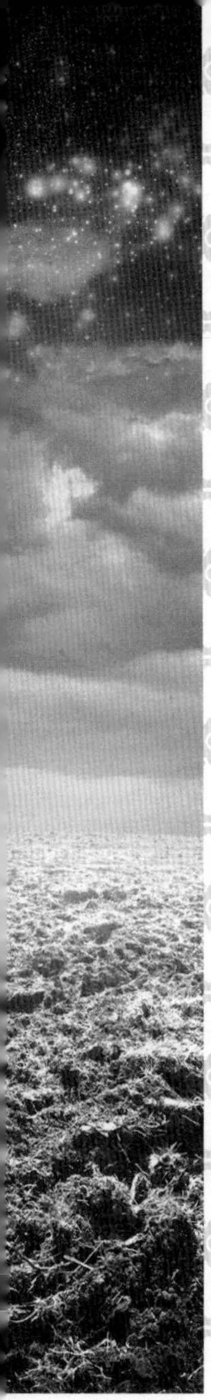

《第十章》

乾坤不正
有什麼惡果？

乾坤不正，造成婚姻危機，
離婚率節節上升，大家都痛苦。

家庭不安寧，子女最無辜，
父子、君臣、兄弟、朋友的關係也隨之受害。

夫婦之道，有五大基本守則，
仔細研究，不但要搞清楚還要真實踐。

雙方堅守貞操，才是最堅實的基礎，
愛情持久，家庭穩固，社會安寧便得以實現。

夫婦有常態，也可以出現特例，
但是低調一點比較好，不宜過分招搖。

一・乾坤不正造成婚姻危機

現代年輕人常主張「只戀愛不結婚」，這就有如乾坤互動，卻不生長萬物般，可說是虛有其表，缺乏實質的貢獻。若是結婚卻不肯生育，也是美中不足。另一方面，女人懷孕生子，有關係的男人卻不知去向，或者互不相認，也不能算是婚姻。一對夫妻尚未生育子女，只能稱為一對，還不能構成家庭。結婚和家庭成為社會制度以後，隨著各地各族有所不同的文化，演化成若干不同的類型。古今中外，都有家庭的制度，彼此卻不完全相同。而現代社會，在這些不同制度之中，竟然出現了一個共同的不幸現象——離婚率高漲。

有些人對婚姻的看法是「合則留，不合則去」，把婚姻視同兒戲。還有人說，最好在有錢時趕快離婚，趁錢還在時可以多分一些。沒有錢時，果然貧賤夫妻百事哀，乾脆分手各搞各的，說不定時來運轉，還有機會另組家庭。有些人是存心騎驢找馬，先抵擋一番，再另謀計策。有些人是只有生物性的需求，置親情和倫理於不顧。有些人認為既然養兒不能防老、養老，生育子女又有何用？乾脆不生也罷！沒有子女，看似少了牽絆，卻也讓婚姻少了一重保障。彼此從「相看兩不厭」，忽然變成「雌雄不兩立」，若是協調不成，婚姻也就破裂了！

良好的婚姻關係，能夠為家人營造出足以禦寒暑、避風雨、休養身心、享受情感、增進瞭解、互相協助的安全場所。好比天地互動，創造出有利萬物生長的空間。然而現代家庭，卻經常出現成員間彼此鬥氣、吵架、互毆、酗酒、涉足不良場所，以及其他有損精神與道德的情況，究其原因，大多出於乾坤不正，造成婚姻危機所衍生的不良現象。

乾坤不正	演變成 →	婚姻危機
只戀愛不結婚。		對婚姻不負責任。
結婚卻不生育。		對婚姻少一份保障。
不遵照當地禮俗。		離婚率節節升高。
把婚姻視同兒戲。		不高興就分手。
家庭不能提供正常生活。		對婚姻缺乏信心。
不知道家庭的可貴。		認為婚姻是一種束縛。

二、夫婦不正後遺症很嚴重

《易經》的道理，是以家庭為核心。視乾、坤為父母，而坎、離、震、巽、艮、兌為子女，共同組成一個美滿的家庭。家庭美滿，才顯得有價值。家人團聚，不但要有時間，而且也要質量並重，彼此交心。千萬不能貌合神離，甚至各懷鬼胎，這樣的徒具形式，完全只是自欺欺人，並無實際效果。

我們一天二十四小時，工作八小時，睡眠八小時，所剩八小時用以張羅食衣住行等雜務，已經忙不過來。除非確實認為家庭十分可貴，願意撥出時間與家人交心共聚，否則就會經常找出各種藉口，不參與也不關心家庭事務。一家人變得聚少離多，偶有短暫相聚時光，也是在爭吵鬥氣中度過。一旦家庭不安寧，父母、兄弟、夫婦之間的關係，也會趨於緊張，連帶職場中上司、部屬、同事之間的關係，也都容易發生問題。最後把朋友全得罪光了，自己也不知該如何自處。

乾、坤不能定位，坎、離、震、巽、艮、兌也會跟著亂了套。夫婦之道失序，家庭教育也跟著失常。父母貽害子女，拖累社會；子女不自食其力，拖累父母，這樣的父母子女在職場上工作，必然既不用心也不忠誠，這是意料中的事。

現代年輕人，大多不再講究門當戶對，而且還片面否定往昔「父母之命、媒灼之言」的正面價值。偏偏自己又缺乏擇偶能力，寧可電腦擇友，任由一部機器進行配對。中西情人節都要過，一夜情盛行……即使結為夫婦，對「男主外、女主內」的議題始終爭論不休，家務事由誰作主也各有堅持。夫婦雙方都自認為是龍，沒有人要當馬，過分自我膨脹，造成兩條亢龍劇烈抗爭。後果不是其血玄黃，互控傷害，便是宣告分手，離婚收場，衍生出無數社會問題。

家庭不安寧 → 後遺症很嚴重

家庭不安寧	後遺症很嚴重
夫婦不和，	上班也沒有好心情。
父母鬧意見，	子女聽誰的？
不重視家庭教育，	全家人都倒霉。
父母離異，	子女最無辜。
不接受父母之命，	自己又不會擇偶。
不聽取媒灼之言，	還不是要找婚姻介紹所。
不講究門當戶對，	婚後才覺得上當。
夫婦都自以為了不起，	龍戰于野，勢必其血玄黃。

三、夫婦之道五大基本要則

首先，必須認清「男女有別」，是一件不容否定的事實。男人在打獵方面，具有比女人更多的智慧或機智；女人在撫養幼小子女方面，具有高於男人的愛心、耐心和技巧。就算男女在本質上相同，但是人類的歷史，促使男女在後天各自朝不同領域發展，經年累月下，早就已經習慣成自然。

其次，要認清夫婦分工，能促進愉快的生活。人過著群體生活，無論大小社會，都必須有適當的分工。在家庭中，夫婦可依據各自情況與特殊條件，做出適當的角色分配。彼此分工合作，讓生活更加愉快。男主外、女主內，不過是通例，也可以有不一樣的特例。

第三，雙方都承認並順應各自不同的特性。男剛女柔，在生理與心理方面都是如此。妻在夫的懷抱中，顯得比較自然，也最能增進兩人感情。反之則顯得很不自然，若在公開場合更令人作嘔難過。

第四，雙方加強溝通，減少意見上的隔閡。夫婦原先各有不同的成長背景，難免有很多不一樣的觀點，最好能夠加強溝通，以求建立共識。至少也要減少意見上的隔閡，以免造成感情上的衝突。夫婦務求形體雖殊，而精神合一。

第五，雙方都應該多貢獻、多包容、多諒解。

既然結為夫婦，就各有應貢獻的義務，也各有可要求的權利。不妨自己多做出貢獻，少對另一半有所要求。多包容另一半的缺失，鼓勵其不斷求取進步。多諒解另一半的不足，彼此安慰，只要盡心盡力，不需要懷有歉意。

夫婦五大基本要則

- 男女有別，要深切體會。
- 夫婦分工，要符合實際。
- 不同特性，應彼此尊重。
- 加強溝通，以減少隔閡。
- 多做貢獻，多包容諒解。

還需具備堅實的基礎

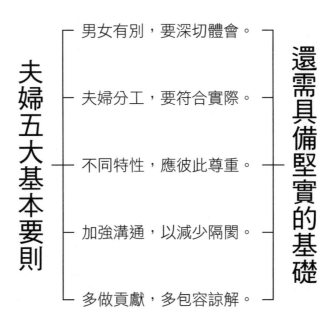

四。最要緊是雙方堅守貞操

前面所說的五大要則，必須建立在一個堅實的基礎上面，否則多說無益。而這個基礎就是：愛情專一，雙方堅守貞操。

乾卦開頭便說：「元、亨、利、貞。」坤卦卦辭也明白指出：「元、亨，利牝馬之貞。」兩者都是以「貞」，來測試能不能「貞下起元」，以求循環往復，生生不息。若是「不貞」，就難以「貞下起元」，很可能因此中斷或衍生變故。

我們主張：不論男女，真正幸福的人，不但一生只戀愛一次，而且結婚的對象，恰巧就是所戀愛的這一個人。現代人所說的「戀愛」，指的是「當下所發生的感情」，只要曾經擁有，不必天長地久。其實我們不應當有這樣的想法，以免誤人也誤己。世界上，只有男性和女性兩種性別，而男性和女性又非結合不可，除非心中認定彼此結合才有幸福，並以托付彼此一生為前提，否則根本不能算做「戀愛」。這種觀念，必須由母親在女兒尚幼之時，便親自傳授給她。告訴她戀愛並不是遊戲，而結婚則是男女之間的永久關係。如果心裡認為這是戀愛，便要連帶想到由戀愛而結婚，人生只能一次，從一而終，才是真正的幸福。

現代社會，充滿了各式各樣的誘惑。不論男女，心靈都十分脆弱，實際上，很少有人能夠做到這樣理想的地步。很多人對現代教育瀕於破產感到憂心嘆息，但歸根究柢，真正原因在於雙親忽視了自己應有的責任。因為子女的教育，必須一夫一婦的關係健全，才有可能正常且合理。夫妻各自堅守貞操，對子女教育以及整體社會而言，都會產生十分重大的影響。而這也是夫妻相處、愛情持久、家庭穩固、社會安寧的最大保障。

往昔 只求女性守貞操	→	現代 要求男女都要堅守
把天高地卑曲解為男尊女卑。		男女平等，只不過性質不同。
將乾卦視為《易經》的第一卦。		乾、坤兩卦並列，都是第一卦。
片面要求婦女堅守貞操。		要求男女雙方都堅守貞操。
夫受妻尊重，夫是妻的頭。		夫妻彼此尊重，互相協助。
夫有特權，並且不合情理地濫用。		雙方都沒有特權。
以凌辱妻子為洩憤、出氣的手段。		男女都不能施行家庭暴力。

雙方堅守貞操，是最堅強的健全基礎

五、夫婦有常態也能有特例

在原始古老的社會中，捕魚、獵食、耕種，都是取得食物來源的主要方式，都需要付出高度的體力、勞動力，並非一般女性所能負擔，所以絕大多數的家庭，都是由丈夫或父親承擔起這些工作。所以當夫妻並立時，最好是男高女矮，表示找到一位值得仰望、可以依靠的丈夫。

隨著時代的改變，現在社會若是新娘比新郎高，大家也不會加以排斥。反正人人自作自受，我們尊重每一個人的選擇。但是，通例和特例最好能區分清楚。盡量遵循通例，免得經不起眾人議論，導致自己無法承受而有所變卦。嫁給一位社會地位不如自己的丈夫，弄得不願意公開和他走在一起，遇到朋友或同事時，也不情願好好介紹，這豈不是自找麻煩、自尋苦惱？

要造成特殊的案例，就必須格外謹慎，多方面深入考慮，然後才做出決定。一旦做成定案，便要堅持下去，才能稱為合理的操守。而且心理上也要有充分準備，既然是特例，就不要招搖，以免引起大眾議論，造成社會不安。

常態是一男一女結婚，但現代社會，也出現兩個男人或兩個女人要求合法結婚。即使法律許可，並不表示大眾都會歡迎。屬於特例的夫婦，最好保持低調，盡量少惹人注意，這是我們對特例的特殊要求。希望這些特例人士，不要到處招搖，好像非把特殊情況變成常態才能滿足。若真如此，那就是破壞社會秩序，妨礙人類生生不息的害群之馬，必然自作孽不可活，很快就會產生不良的後果。

尊重常態，是少數特例夫婦所應具備的修養。為人父母者，都會擔心這些特例對子女造成不良影響，所以不得不對這些特例提出嚴厲的批評。

常態夫婦	V.S.	特例夫婦
一男一女結為夫婦。		兩個男人或兩個女人結婚。
新郎長得比新娘高。		新娘比新郎長得高。
夫的社會地位比較高。		妻的社會地位比較高。
夫負起養家的責任。		妻負起養家的責任。
夫剛健而妻溫柔。		妻強悍而夫軟弱。
妻能相夫教子。		夫為家庭煮夫。

特例可以，但不要極力想把它變成通例

六、人類要自救從夫婦開始

在現代社會中，經常可見夫婦雙方都具有十分強烈的男女平等意識，過分重視應有的權利，卻忽略了應盡的責任。男性尚未完全去除長久以來男尊女卑的觀念，往往認為與妻子分擔家事，有損於人格尊嚴。而女性則認為，除了先天生理上男人所不能做的事情之外，其他一切都必須男女平等。

男女雙方互爭權利，而又互推責任，導致家庭缺乏幸福，子女成為不幸的被犧牲品。人類想要自救，首先必須端正夫婦之道，從提振倫理著手，然後逐漸擴及事業與環境各層面，應該更為實際且有效。

中華民族向來十分重視貞操，這是幸福婚姻最有利的支撐點。夫婦雙方各守貞操，沒有第三者介入，縱然有時各執一見，互爭權利或互推責任，也比較容易獲得諒解，不致引發重大衝突。現代化的貞操觀念，應該由往昔的片面要求，修正為男女雙方面要求，如此一來，更加符合乾、坤的原始精神。而且可以將過去必須從一而終、無限期的貞操，放寬為在婚姻關係的存續期間內，不得移情別戀的要求。但是，坤卦的「利牝(ㄆㄧㄣˋ)馬之貞」，仍是現代女性必要的修養。否則一味要求男女平等，並不重視男女有別，依然是婚姻關係的主要障礙。

男性太不爭氣，是現代女性的遺憾；女性太不溫柔可愛，則是現代男性的共同感覺。彼此先各自反省，好好修治自己，應該是讓夫婦之道重返正常化的重要功課。將來再把《易經》的咸（䷞）卦和恆（䷟）卦，好好研究一番，從男女的感情，到夫婦的恆久，都做出合理的安排。能夠如此，就是易學現代化的最佳表現，將對全體人類帶來更大的貢獻。

男性 重視男女平等	V.S.	女性 重視男女平等
男女平等，仍然有別。 家事可以幫忙，仍應以女性為主。 請女性溫柔一點， 如此一來將會更加可愛。 男性是龍。		除了生男育女以外，沒有差別。 沒有幫忙，只有分擔。 請男性爭氣一些， 女性才不用這麼辛苦。 女性並非完全是馬。

互爭權利、互推責任，人類的未來實在令人擔憂！

我們的建議

1 往昔人們誤解了「天尊地卑」的真義，把它扭曲成「男尊女卑」，使女性長期以來備感委屈。現代主張男女平等，這才合乎易學的原意。尊卑只是形體有所不同，不是價值高低有所差異。男女同權不同質，成為現代夫婦之道的共識。乾道、坤道不應該再分開來說，而是要合起來看，共同研究乾坤之道，以期促進倫理道德的提升。

2 離婚率節節升高，是現代社會的可怕危機。夫婦不能同心協力，家庭教育必然敗壞。一旦社會風氣不良，各種為非作歹的情況也就會接踵發生。

3 中華民族向來只重責任，不談權利義務，而且有「施恩不望報」的美德。然而，現代人卻經常爭權利、推責任，捐助巨款必然趁機大做廣告。夫婦處在同一個屋簷下，卻不一定能夠同心，即使分工也未必協力。所以最好能各自反省，先求自覺、自律，再找出建立彼此共識的方法。

4 夫婦雙方都可以要求愛情專一、貞操堅定，也同等享有適當的妒忌權利，避免捕風捉影、疑神疑鬼，弄得彼此都不安寧。婚前種種，婚後不宜再提，以免橫生枝節。

5 夫婦最好保持正常的狀態，若有必要建立特例，必須事前深入考慮。決定之後，就應當持久不變，並保持低調，不可到處招搖，更不必要以特例來影響通例常態。

6 男性的剛健與女性的溫柔，都必須從小在家庭中逐漸養成。父母雙方，要分別扮演子女的生活教練，經常聚在一起彼此觀摩學習。

結語

夫婦之道，是當今社會的重大課題。由於相當敏感，很不容易切入，所以我們不是愛說、敢說，而是不得不才說。能不說，我們就不會說。實在沒有辦法、躲避不掉，才這樣說：事態已經十分嚴重，不容大家不去重視這個問題。

乾坤是《易經》的大門，夫婦是人類生活的大門。進入乾坤大門，易理自然逐一顯現。進入夫婦大門，才知道該如何妥善安排父子、君臣、兄弟、朋友等關係，讓這些倫常更為合理。

《易經》的道理，原本十分正當，因為「貞正」乃是《易經》的主要訴求，不幸由於環境的影響，歷代出現了許多可怕的扭曲、錯亂和誤解，例如「天尊地卑」，基本上是形態上的不同，卻被當作「尊貴」和「卑賤」的差異來解釋，造成「男尊女卑」的不正當觀念，致使長期以來婦女備受委屈，敢怒而不敢言。

然而婦女解放運動，又出現了長期壓抑下所造成的反彈。加以小家庭盛行，「男不與女鬥」成為女性欺負男性的保障。男人敢怒不敢言，女人各種併發症都有。表面上雙方互相尊重、禮讓，實際上卻各有說不出口的苦衷，訴求無門。

我們把《易經》的第一卦，由單獨的乾卦，變成乾坤兩卦並列。同時，將乾、坤放在一起，逐爻比對，在求同存異中，尋求合理的平衡點。周文王用「利牝馬之貞」來忠諫紂王、規勸妲己，在當時極端不利的情況下，能夠輕輕一點，已經是冒險萬分。我們用「牝馬」的精神，貫穿坤卦六爻，與乾卦的「六龍」，正好構成大家常說的「龍馬精神」。當龍當馬，實在沒有多大的差別。當好龍、做好馬，才是值得大家努力的方向。

做男做女，都很有價值。做好男人，做好女人，才是價值的真正體現。一個家庭愈圓滿，愈能夠為夫婦安排、確立一種或多種家庭身分。夫婦各自扮演好自己的角色，才是男女平權卻不同質的合理應用。現代婦女，無不盼望或盡力爭取每日都有一段時間，能夠放下職場工作，和自己年幼的子女共處。而人性化的機構，也多會為女性員工設立托幼中心，並安排時間，讓母親能與幼兒相聚片刻。這種方式，除了可促使員工安心工作，還能夠減少家庭破裂、兒童心理失調、青少年犯罪等社會問題。

〈序卦傳〉說：「有天地然後有萬物，有萬物然後有男女，有父子然後有君臣，有君臣然後有上下，有上下然後有禮義有所錯。」夫婦關係既然如此重要，我們在研讀乾、坤兩卦時，就應該實際運用其中的道理，來調整現有的夫婦關係，使其能夠更加合理。我們將元、亨、利、貞的「貞」字，視為「貞操」，期望男女雙方都能堅守，則是十分大膽的嚴格要求。不論當下所處環境或是眾人觀感為何，我們應該說的絕對不避諱，這才是真正的《易經》精神，應該盡力加以闡揚發揮。

乍看之下，《易經》好像是在描述天地山川的自然變化。實際上，它是以「人」為本，把焦點放在「人的行為」層面。人原本就是宇宙的一部分，人的行為，若是能順乎宇宙間的「理」，就能得到吉順，反之則凶。所以孔子說：「天之所助者，順也」。我們在明白了乾、坤的大義後，最好還能把它應用到實際生活層面，先把夫婦之道理好，然後再擴展出去，自然能夠無往而不利。

接下來，我們將研討另一個令人玩味的課題——「人人都不了了之」，敬請指教！

《附錄》

乾坤兩卦象徵做人的基本修養

一、望子成龍是人之常情

天地萬物，都有其局限性。對人類而言，尤其十分無奈。生命有限、精力有限、功能有限，成就當然也就很有限。往往奮鬥一生，仍然覺得壯志未酬，而剩餘的歲月又已經不多，因此就把理想托付在子女身上，期望子女的成就能在自己之上。將自己尚未完成的事情延續下去，把已經完成的部分發揚光大，這種望子成龍的心態，可說是人之常情。

《易經》乾卦（䷀），分別以「潛、現、惕、躍、飛、亢」六種狀態來描述龍的變化。

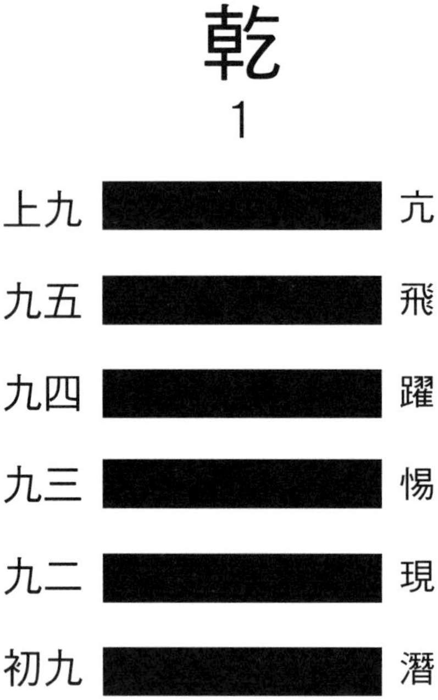

〈彖（ㄊㄨㄢˋ）傳〉中明白指出：「時乘六龍以御天」，意思是天道變化，不同時序，產生不一樣的功能，不論「過時」或「不及時」，都不合理。龍再了不起，也應該按照不同的處境，不一樣的時序，做出不相同的表現。而每個人在一生當中，都應該遵循天道，依據不同的階段，做好合理的調整，才能夠既合時又合理，符合天德的要求，達到「御天」的效果。「御」的意思是駕御、治理。龍駕御天空，人治理自己，這都是「御天」。

為什麼是龍呢？我們不難想像，洪荒時期的人類，既沒有文字，也沒有專門負責書寫歷史的人員。事情發生之後，但憑口耳相傳，也就是我們現代所說的「神話」。據傳古人發現「龍」，是生物中的龐然大物，既能潛水鑽地，又能行陸飛空，所以用「龍」來表示神通廣大，應該是十分貼切的譬喻。對宇宙而言，龍代表自然的力量，無所不能、無所不在。對人類來說，龍象徵智力、體力都高人一等。

「圖騰」此一名詞，是從英文Totem翻譯過來的，很可能是找不到適當的字句，所以才採取音譯的方式。「圖騰」是用來表示原始社會各部落或氏族所認定的那種「神聖而不可侵犯的象徵或符號」。由於人和動物接觸的機會很多，往往會把自己所崇拜的動物拿來當做圖騰。我們的祖先，把龍的形象描繪成：駝頭、鹿角、兔眼、牛耳、蛇項、鯉鱗、墨腹、蝦鬚、虎掌、鷹爪、蛟身，由此不難推想，極可能是當年黃帝統一中原，在綜合了各部落所使用的圖騰後，才統一制定出這種稱之為「龍」的中央聯合標誌。此後，「龍圖騰」便成為華夏民族的共同標誌，我們自稱為「龍的傳人」，我們的理想是「望子成龍」。每逢龍年，多生龍子龍女，自然而然，也就成為中華兒女的共同願望。

二、望子成龍的真義受到扭曲

有一種傳說，指稱八卦並不是伏羲氏畫出來的，而是有一匹龍馬，從黃河裡出來，背著一幅圖，上面有八卦的圖樣，伏羲氏只是照著描繪下來，後人把那一幅圖叫做「河圖」。

龍馬到底是龍還是馬？我們並不清楚，倒是「龍馬精神」始終傳承迄今。乾卦以龍為象徵，卦辭指出「元、亨、利、貞」；坤卦的卦辭則是「元、亨、利牝（ㄆㄧㄣˋ）馬之貞」。同樣四德，乾為龍德，而坤重馬德，這點十分明顯。

黃帝以龍做為圖騰，是一種「和而不同」的道德象徵，表示各個部落都應該和平共存。乾卦的「元、亨、利、貞」四德，表現在用九：「見群龍无首，吉」。雖然龍很神通、剛健有力，卻也應該隨時自我調整，以求符合時宜，能做出合理的貢獻。坤卦的「元、亨、利牝（ㄆㄧㄣˋ）馬之貞」四德，表現在用六：「利永貞」。「六」是偶、陰的極數，很容易陰極成陽，喪失原有的柔順，所以永久保持坤德，才是合理的情操。

由此可見，《易經》所重視的，是乾和坤的「道德」，遠勝於乾和坤的「性能」。我們常說「望子成龍」，這裡所說的「子」，也包含了「女」在內，也就是「子女」的合稱。而所說的「龍」，也應該是「龍」、「馬」的代表。「望子成龍」的真正意義，在於培育子女高尚的品德修養，不料卻被功名利祿所取代，造成了莫大的扭曲與誤解。

《易經》和〈易傳〉，都是出於聖人之手，所說的是道理，所以到了漢代，便被列為六經（易、禮、書、詩、樂、春秋）之首。但是另一方面，陰陽八卦和五行（金、木、水、火、土）也結合起來，演變出「山、醫、命、卜、相」種種術數，影響著普羅大眾，勢力也十分雄厚。事實上，易理的瞭解和實踐，相對比較困難；而風水、命相、占卜，卻能廣泛地流行於世間。「望子成龍」的真正涵義被淹沒了，大家所熱衷的反而是提早學習，促進智能的發展，以求博取功名利祿。

才能是治事的能力和方法，品德修養則是言行與操守的表現。我們所看到的事實，是能者未必有德，而德者也不一定有能。才德兼備固然難能可貴，但卻實在難以求全，所以周公不求備於一人，唐太宗也只能取長補短。

德本才末，先求品德修養健全，再求才能的充實和長進，應該是父母教養子女時的不易原則。以良好品德修養為基礎，把事情做得更精、更好，應該也是做人做事時的基本要求。

三、最好把乾坤二卦合起來看

我們都知道，天地是不可分的。有天才有地，有地也才有天。我們生於天地之間，兩者缺一不可。有時候天看起來大得多，而地卻只有一點點。有時候，地反而比天來得寬廣。如果有天卻沒有地，或者只有地而沒有天，我們就很難生存，甚至於不願意去想像。

人類的情況也是如此，有男就有女，有女也就有男。倘若只有一種性別，百年之內，人類就滅絕了！

我們研究易理，最好乾坤並列，同時觀賞，才能明瞭其中真正的含義。

乾代表龍，坤象徵馬，意思是龍馬原本是一樣的：飛不起來時，龍也會被看做馬；一旦飛躍在天空，馬也就變成龍了。潛龍還不如良馬，可以從乾卦的初九「潛龍勿用」來體悟。縱使具有龍的品德和才能，如果只能潛伏在地下，還不能在地面上占有若干地盤，恐怕也是有志難伸，有能力也無從發揮。這時候所採取的「勿用」策略，實際上是利用時機，好好學習坤卦初六的「履霜，堅冰至」，並提醒自己：如果不能暫時委屈一些，把自己當做馬看，走一步算一步，萬一冬天來臨，堅厚的冰雪覆蓋在地面上，想要鑽出地面，恐怕更加困難。

望子成龍，最好的心態，其實是先扮演好馬的角色，以「履霜，堅冰至」的警覺性，來培養子女的應變能力。當陰氣開始凝結的時候，也就是壞習慣開始出現時，便要趕緊加以輔助、指導，使其養成正當的行為與態度。

培養良好生活習慣、增進正當生活能力，是處於「勿用」的兒童時期，父母所應該重視的課題。如果抱持只能成龍、不能做馬的心態，無疑加諸子女很大的壓力。因為人類必須分工，有人當馬，有人做龍，才能彼此配合，生活得更加美好。如果大家都當馬，天空中的事情，由誰去完成？如果大家都成龍，地面上的事情，由誰來打理？

要學飛，先學走，這才是真正的龍馬精神。馬跑得既快又穩，一旦飛躍起來，大家都把牠當做龍看，至少也是龍馬，可以擔負更為重大的任務。萬一飛不上天，在地面上又走不穩也跑不快，豈不是自己痛苦也連累別人呢？就算是神童，也應該打好基礎，以免真的「小時了了，大未必佳」，反而害人害己。

乾坤二卦並列，才能全面發揚龍馬精神。走起來像馬，飛起來像龍，豈不是更加安全有效？

有了「履霜，堅冰至」的高度警覺性，及時把握合適的良機，適當地出現在地面上，占有一席之地。這時候不論是不是「利見大人」，受到上級的賞識，都應該重視坤卦六二爻辭：「直、方、大，不習无不利。」因為得到上級賞識，很容易得意忘形，受到不正當的誘惑，反而喪失直「直、方、大」的原有德性。然而，若是不受上級賞識，也很容易因為壓抑而心生不平，於是「不直、不方、不大」，種種惡習伴隨而來，當然就不利了。

剛剛邁入人道，是龍是馬猶未知曉。乾卦九三爻辭：「君子終日乾乾，夕惕若厲，无咎。」告訴我們就算真的是龍，也應該高度警惕，把自己當做「惕龍」比較合適。這時候坤卦六三的「含章可貞，或從王事，无成有終」，實在是必要的配套方案，特別是「功成而不居」的精神，更是應該多多加以發揚。

是龍不是龍？乾卦九四爻是真正的考驗關鍵。《論語・子罕篇》記載孔子所說的：「四十五十而無聞焉，斯亦不足畏也已」，便是說明一個人到了四、五十歲，還沒有什麼可稱道的地方，那未來也就不會有什麼了不起的作為了。換句話說，就不算是龍了。乾卦九四說：「或躍在淵，无咎。」意思是能夠一躍升上天空，證明自己是龍，當然最好。倘若飛不上去，只要增進自己的品德修養，認清上升、下降，並沒有一定的常規，絕對不能夠為了向上躍進而不擇手段，如此一來，也就沒有什麼禍害了。

想做飛龍不成，老老實實當匹好馬，實踐坤卦六四「括囊」的原則，像束緊的口袋那樣謹慎，也能「无咎无譽」，即使陷入險境，也不致有什麼災害。

當然，能夠像乾卦九五那樣「飛龍在天」，是人人都夢寐以求，非常想要達成的目標。但是也要仔細檢驗自己的品德修養，是不是夠資格「飛龍在天」？否則一旦高飛上去，大家萬手所指、萬目所視，竟然是一條邪惡、貪婪、無恥的龍，豈不是更加自曝其短，引來天下人恥笑嗎？

此時謹記坤卦六五爻辭：「黃裳，元吉。」就算是「飛龍在天」，也應該保持謙和的美德，更加自愛、自律，才能獲得吉祥。

無論是龍是馬，都應該適可而止。在天空中固然要慎防「亢龍有悔」，在地上奔馳，也必須警惕是否過分高傲，把自己看成龍，而引起「龍戰于野，其血玄黃」的憾事。

四、龍馬精神重在品德修養

孔子自述一生的奮鬥歷程：「十有五志於學，三十而立，四十不惑，五十而知天命，六十而耳順，七十而從心所欲，不逾矩」。

「十有五志於學」，意思是孔子到了十五歲時，才進入乾坤二卦初爻。一方面提高警覺性，以坤卦初六的「履霜，堅冰至」，來增強自己的意志力，期勉自己務必培養良好的品德，慎防受到不良習慣的感染。並以乾卦初九的「潛龍勿用」自勉，期許自己好好學習，不可以好高騖遠，以免害了自己。

三十而立，是指孔子一直到了三十歲時，才把自己定位在乾坤二卦的第二爻，也就是確立自己的立場，要先當匹好馬，有機會時才成龍。先按照坤卦六二爻的「直、方、大，不習无不利」，時時刻刻修養品德，增進各方面的才能。《論語・子罕篇》記載孔子的話：「吾少也賤，故多能鄙事。」即在說明他博學多聞，廣泛地充實自己的才能。孔子當然也不會忘記乾卦九二「見龍在田，利見大人」的目標，二十多歲時便出任魯國的「委吏」、「乘田」，前者掌理會計，後者管理牛羊，都是微不足道的小官，他卻做得十分認真出色。那時正值混亂的春秋時代，各國的君權，大多旁落在大夫手中，常可見亂臣賊子敗壞社會風氣，所以後來孔子決定放棄政治，改為從事教育工作，在魯國授徒，專心從事其教學生涯。

「四十而不惑」，指的是孔子四十歲時，充分體會為君為師，都必須具有偉大人格的堅定信念，他說：「天何言哉！四時行焉，百物生焉，天何言哉？」因此確信「我欲仁，斯仁至矣」，也就是奉行乾卦九三爻「君子終日乾乾，夕惕若厲，无咎」的警示，同時重視坤卦六三爻「含章可貞，或從王事，无成有終」的原則。孔子倡導「無可無不可」的用心，明顯地書寫在〈繫辭・下傳〉：「不可為典要，唯變所適。」他已經明白「不在其位，不謀其政」的道理，卻始終不忘「篤信好學，守死善道。危邦不入，亂邦不居。天下有道則見，無道則隱」的守則，毫無疑惑。

「五十知天命」，指孔子五十歲時，魯國三家共同攻打陽虎，孔子認為自己應該出仕為百姓服務。他先是擔任魯國的中都宰，繼任司空，而大司寇，輔助魯定公會齊國於夾谷。孔子五十五歲時，見定公德行有所偏差，便辭職離開魯國，因此感慨乾卦九四的「或躍在淵」，深知自己奉行坤卦六四的「括囊」，而得以无咎。這些人生際遇，也使孔子明白「人各有天命，只能盡力而為，不必計較結果如何」的道理。

「六十而耳順」，指的是乾卦九五的「飛龍在天」和坤卦六五的「黃裳元吉」，意思是表現得再好，仍免不了有人批評。有的是惡意攻擊，有的是根本看不懂卻胡亂發表意見。「耳順」的意思，是只要自己問心無愧，用不著介意他人的毀謗。特別是位高權重的人士，更必須「耳順」，才不致「亢龍有悔」或「龍戰于野」，使自己一生的成就毀於一旦。

「七十而從心所欲，不逾矩」，指的是孔子研究《易經》的道理，深深體會「亢龍有悔」和「龍戰于野」的警語，因而得以「從心所欲，不逾矩」，在七十三歲時，心安理得地辭世。

五、結語與建議

一個人要有遠大的目標和堅定的意志，也要能夠腳踏實地，實實在在地一步一步向前求取進步。以乾卦為目標、坤卦做守則，應該是良好的方式。

乾卦的主要精神，在於「天行健，君子以自強不息」。天的運轉是有恆的，人的上進心也必須堅定。一天二十四小時，天運行了九十多萬里，人也不斷地呼吸，不敢停止。期盼自己成龍，或寄望子女成龍，「自強不息」應該是不二法門，人人都必須以此自勉。

坤卦的要旨，在於若是過分剛健主動，難免遭受打壓；若是不願意屈從，不擇手段，那又違背自己的品德修養。因此柔順主靜，也成為品德修養的另一個要素。乾坤二德兼顧並重，剛柔相濟，才能夠動靜咸宜。

乾卦是龍，坤卦是馬，合起來成為「龍馬精神」，表示一個人要能飛也能走，當飛即飛，當走就走。但是一心想做龍，恐怕會忽略了蹲馬步的基本功夫，反而容易眼高手低，一事無成。所以做人，最好能先做匹好馬，待適當時機再飛騰成龍。

父母教育子女，應該以品德修養為重。幼小時養成良好的生活習慣，然後訓練生活能力，並增加生活知識。德本才末，是最基本的守則。功課好不好尚在其次，習慣正當與否才屬首要。

望子女成龍，應該從牝馬的貞操培育起。貞操的真正意思，是合理的操守。不分性別、年齡、從事哪一種行業，都有其應該固守的貞操，而且是互相對待，不能片面要求的。父父子子的道理，最好能透過以身作則的方式，用身教來傳達給子女。

稍長入學，必須逐漸認識「有陰就有陽，有陽也就有陰」的道理。有天有地，人才能生存；乾坤二德並重，人才能發展。最好把「正常」和「反常」，看做事物的一體兩面。「正常」是一種現象，「反常」不過是另外一種現象。兩者同時存在，才是真正的正常。而人生是一連串的選擇，必須在「正常」和「反常」的抉擇中，不斷提升自己的價值。孔子的一生，便是在「龍」、「馬」當中，選來選去，不斷地做抉擇。結果有生之年，當龍不成，只要做馬。然而逝世之後，在後人心目中的地位，卻是不斷躍升，不但成龍，而且還是龍中的聖龍。

孔子生前，就已經悟出「盡人事以聽天命」的真理。是龍是馬？我們只能盡人事；結果如何？不如聽天命！

只問自己努力得夠不夠？不必介意自己到底是「龍」還是「馬」？這才是真正的「龍馬精神」。

做人的基本修養，應該是先蹲好馬步，再看情況決定如何採取行動。先以坤卦的「馬德」為基礎，再以乾卦的「龍德」為依據，按部就班，不斷自我提升，力求上進。若是人人都能當進則進、當止則止，隨遇而安，社會自然進步，人群必然和諧。

解讀易經的奧祕

曾仕強教授《易經》課程教材

本系列叢書為大陸熱銷超過500萬本、
台灣各大書局暢銷排行榜第一名《易經的奧祕》同系列作品，
文字淺白有趣、大量圖解說明，帶您輕鬆進入易學的領域。
感受到：原來《易經》真的很容易！

「解讀易經的奧祕套書」全系列共18冊

卷1 易經真的很容易
卷2 易經的乾坤大門
卷3 人人都不了了之
卷4 易經的中道思維
卷5 轉化干戈為玉帛
卷6 人生最難得有情
卷7 生無憂而死無懼
卷8 通就是宇宙真理
卷9 解開宇宙的密碼
卷10 還自然一個公道
卷11 易經由象數推理
卷12 道德是最佳信仰
卷13 易經的占卜功能
卷14 因果使社會安和
卷15 易經與河圖洛書
卷16 誠意溝通天地人
卷17 出類拔萃多靈氣
卷18 革故鼎新好創意

影響華人世界
最重要的推手
曾仕強教授
解讀
易經的奧祕
書籍洽詢專線
02-23611379、02-23120050
曾仕強文化
台灣國寶級大師曾仕強教授以獨步全球的易學解析觀點，幫助讀者輕鬆掌握《易經》簡易、變易、不易的原則，積極管理變化萬千的人生。

精選課程系列

「曾仕強文化」獨
設計開創的經典課

決策易

《易經》一卦六爻，代表事情發展、變化的六個階段，可做為決策時的良好參考。不讀《易經》，難以培養抉擇力，這部千古奇書可謂「中國式決策學」的帝王經典。

《易經》其大無外，其小無內；廣大精微，無所不包，64卦384爻4096種變化，是解開宇宙人生的終極密碼。能打造出一個內建《易經》智慧的大腦，等於是和宇宙能量接軌，取之不盡，用之不竭，絕對是您今生最睿智的投資。

古人有言：富不學，富不長；窮不學，窮不盡。人不能不學習，既然要學，就要學最上乘的智慧，才不會浪費時間。曾仕強文化擁有最優秀的黃金師資陣容，課程深入淺出，一點就通。誠摯邀請您即刻啟動學習，一同進入「易想天開」的人生新境界！

生活易

《易經》帶給我們的不只是理論，更是一種思考方式的訓練。「生活易」教你如何輕鬆汲取易理智慧，開發多元思考方式，發揮創意解決問題，讓生活過得更簡易更有樂趣。

奇門易

奇門易在於瞭解事情的癥結點，進而佈局調理、擇時辨方。占卜及《易經》，能提供決策時的最佳參考指南；而「奇門易」，能告訴你做這個決策最有利的時機及方位，具有相輔相成的效果。

乾坤易

《易經・繫辭傳》說：「乾知大始，坤作成物。」告訴我們：「乾」代表開創的功能。腦袋裡有想法，對事情有看法，這是一件事情的開始；「坤」代表執行的功能。經過實踐的過程，把一件事情落實，而且看到了具體的結果。

經典傳承系列

歷史易經班

首創以《易經》64卦＜大象傳＞結合《史記》百位經典歷史人物進行精彩分享。運用易學獨到觀點，剖析成敗關鍵所在，重新賦予歷史妙趣橫生的新「易」義！

易經經文班

《易經》六十四卦、三百八十四爻，並非靜態呈現，而是彼此互動，有快有慢、時時變化。每一卦、每一爻，都是生命的入手處，想要深入瞭解，最好能從熟悉經文開始。

易經繫辭班

人生長於天地之間，必然受到天地之氣的影響。＜繫辭傳＞說：「有天道焉，有人道焉，有地道焉，兼三才而兩之」——所有中國哲學的思考，都沒能超出這個範圍。

老子道德經

「知人者智，自知者明；勝人者有力，自勝者強」。《道德經》短短五千餘字，談的都是人間行走的智慧。老子告訴我們：先把做人基礎打好，未來的人生道路就會比較易知易行。

孫子兵法

「善動敵者，形之，敵必從」；「善戰者，求之於勢」。「形」與「勢」，是作戰前必先考量的策略面。《孫子兵法》是中國最早的一部謀略兵書，能教你如何佈形造勢，領兵作戰。讓你知己知彼，百戰百勝！

以上課程歡迎洽詢
02-23611379
02-23120050
曾仕強教授辦公室

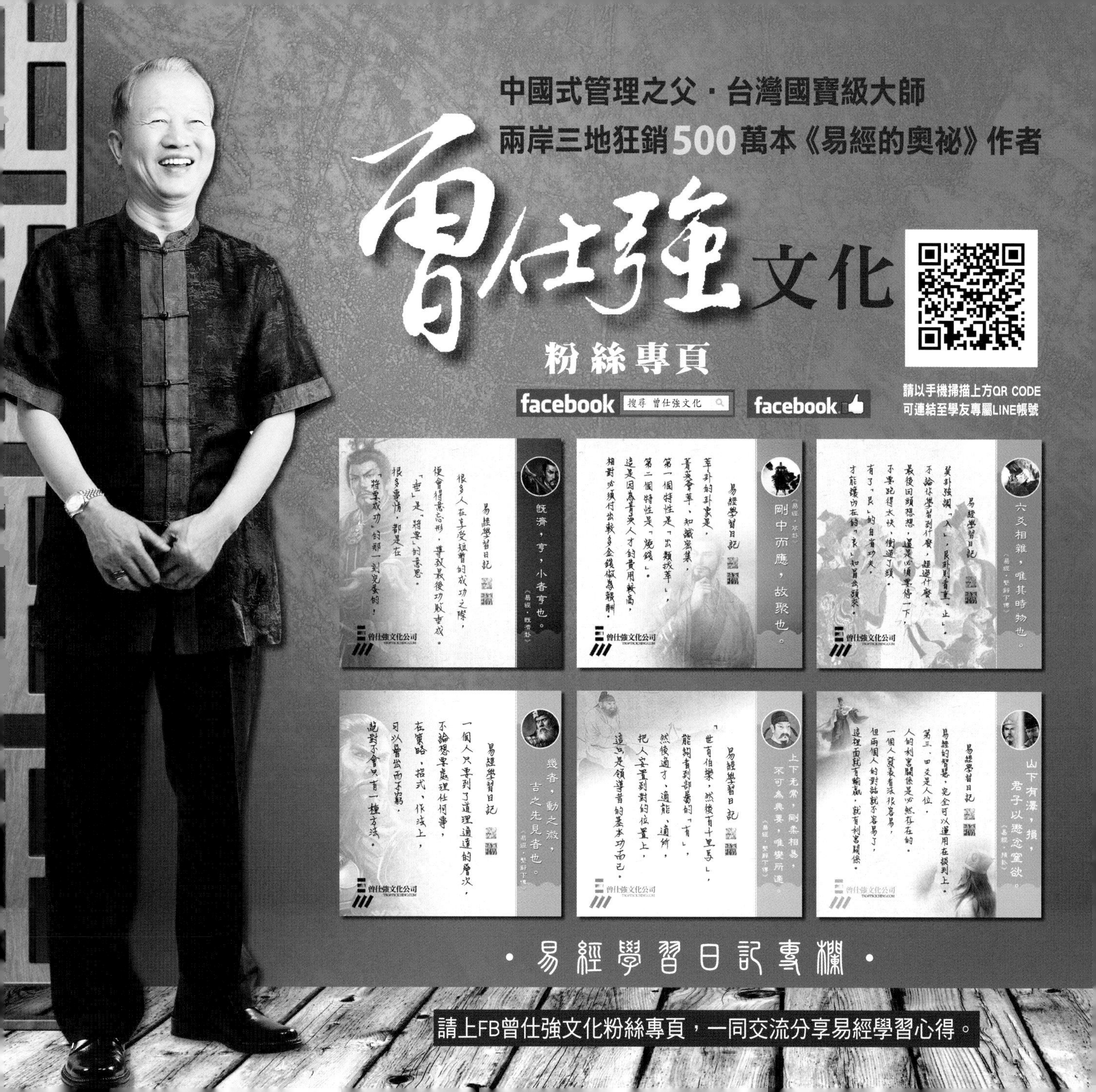

中國式管理之父．台灣國寶級大師
兩岸三地狂銷500萬本《易經的奧祕》作者
曾仕強文化
粉絲專頁
facebook 搜尋 曾仕強文化
facebook
請以手機掃描上方QR CODE
可連結至學友專屬LINE帳號
既濟，亨，小者亨也。
剛中而應，故聚也。
六爻相雜，唯其時物也。
幾者，動之微，吉之先見者也。
上下无常，剛柔相易，不可為典要，唯變所適。
山下有澤，損，君子以懲忿窒欲。
易經學習日記
曾仕強文化公司
．易經學習日記專欄．
請上FB曾仕強文化粉絲專頁，一同交流分享易經學習心得。